JN097433

名刺、チラシ、ポスター、POP などを
手軽に作成！

Canvaで
はじめての デザイン
作成 2024年版

相澤裕介◉著

CUTT カットシステム

はじめに

　ペーパーレス化が進んだ現在でも印刷物に対する需要はまだまだ残っています。「仕事をしているけど、**名刺**は持っていない」という方は少ないでしょうし、店舗には**チラシ**や**ポスター**、**POP**などが少なからず掲示されているのが一般的です。**メニュー**の電子化が進んだとはいえ、まだまだ「紙のメニュー」も現役です。

　こういった印刷物（デザイン）を作成する際にWordを利用している方も沢山いるでしょう。ただし、見栄えのよい、プロが作成したようなデザインにはならないケースが多いといえます。Wordは論文やビジネス文書の作成に最適化されたアプリであり、正直な話、デザインの作成には向いていません。スキルがあれば、見た目のよいチラシやポスターを作成することも不可能ではありませんが、かなり面倒な作業を強いられます。

　このような場合にぜひ活用したいのが、本書で紹介する**Canva**です。Canvaは手軽にデザインを作成できる、誰でも**無料で利用できるWeb**サービスです。Webブラウザだけで動作するため、特別な環境やアプリを用意する必要はありません。

　また、膨大な数の**テンプレート**や**素材**が用意されていることもCanvaの大きな特長といえます。美術的なセンスに自信がない方でも、デザインされた名刺やチラシ、ポスターなどを短時間で作成できます。

　参考までに、Canvaでデザインを作成するときの大まかな流れを紹介しておくと、

　　① 用途（用紙のサイズ）を選択する
　　② キーワードなどで検索して好きなテンプレートを適用する
　　③ テンプレートの文字を書き換える
　　④ テンプレートの写真を差し替える
　　⑤ 不足している素材を追加する（または不要な素材を削除する）

といった感じでデザイン作成を進めていくこと可能です。テンプレートを選択し、各自の目的に合わせて「文字」や「写真」を変更していくだけなので、初心者の方も安心して取り組めると思われます。作成したデザインは、そのままCanvaに印刷を依頼しても構いませんし、**PDF**などの形式でダウンロードして自分で印刷しても構いません。

　本書との出会いをきっかけに、ぜひCanvaを試してみることをお勧めします。その便利さを実感できると思います。編集ツールとしての完成度も高いので、デザインを本業にしている方にも役立つサービスになると思われます。

相澤 裕介

目次　Contents

第3章　デザイン作成のポイント　111

第1章

Canva を使ってみよう！

● ● ● ●

Canva は、誰でも使える「デザイン作成の Web サービス」です。まずは、Canva の概要、アカウントの登録手順、デザインの大まかな作成手順など、Canva を使うための基礎知識について紹介していきます。

01

★★☆

Canvaは何ができるサービス？

Canvaは無料でデザインを作成できるWebサービスです。必要なアプリは、普段から使用しているWebブラウザだけ。テンプレートや写真素材も豊富に用意されているため、すぐにデザインの作成を始められます。

ブラウザだけでデザインを作成！

Canvaは、2013年にオーストラリアで設立された**デザイン作成のWebサービス**です。現在は日本でもサービス展開されており、**誰でも無料で使える**デザインツールとして人気を集めています。海外発のWebサービスですが、十分に日本語化されており、また日本向けのデザイン（テンプレート）も豊富に用意されているため、すでに多くのユーザー、企業がCanvaを利用しています。

Canvaを利用するにあたって必要となる機材は**パソコン**と**Webブラウザ**だけ。特別な環境を用意しなくても、すぐに利用できることも魅力の一つといえるでしょう。

Canvaのホーム画面（https://www.canva.com/）

用途や目的にあわせた**テンプレート**が数多く用意されているのもCanvaの特長です。このため、デザインを特に学んでいない方でも、**名刺**や**チラシ**、**ポスター**、POPなどを手軽に作成できます。もちろん、デザインの編集作業もWebブラウザだけで進めていくことが可能となっています。

キーワードで検索

テンプレートの検索結果

テンプレートの検索

書式指定のツールバー

文字を選択

フォントの指定

デザインの編集画面（文字の書式指定）

写真素材やイラスト素材も豊富！

　Canvaには**写真**や**イラスト**の素材も豊富に用意されています。このため、テンプレートの文字を書き換えて、別の写真に差し替えることにより、デザインを自由にカスタマイズできます。もちろん、自分で撮影した写真を使用することも可能です。

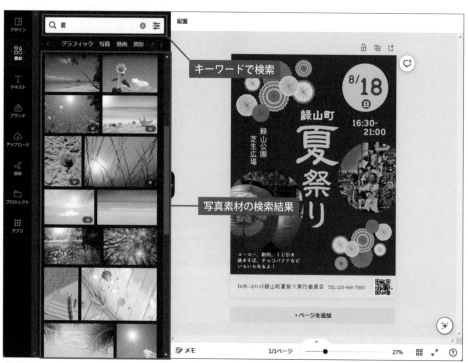

豊富な写真素材（一部有料）

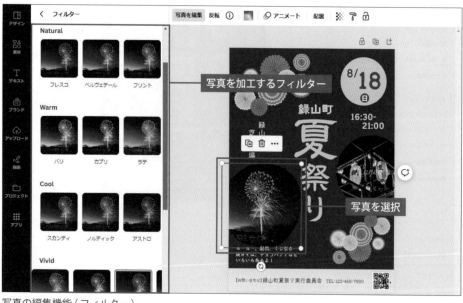

写真の編集機能（フィルター）

作成したデザインを印刷するには？

　作成した名刺やチラシ、ポスターなどは印刷して利用するのが一般的です。この印刷作業をCanvaに依頼することも可能です。そのほか、作成したデザインを**PDF**や**画像ファイル**として**ダウンロード**し、自宅のプリンターで印刷する、印刷業者に依頼する、といった使い方もできます。

Canvaに印刷を依頼する場合（印刷代は有料）

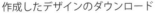

作成したデザインのダウンロード

02 アカウントの登録とログイン

★★★

Canvaを利用するには、最初にアカウント登録を済ませておく必要があります。ここでは、アカウントの登録、パスワードの設定、ログインするときの操作手順について説明します。

アカウントの登録手順

　Canvaは会員制のサービスになるため、最初に**アカウントの登録**を済ませておく必要があります。アカウントを新規に登録するときは以下のように操作します。

1 「Google Chrome」などのWebブラウザを起動し、「https://www.canva.com/」のURLへ移動します。
※「canva」のキーワードでネット検索しても構いません。

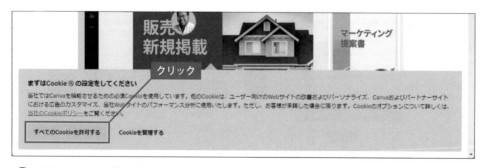

2 画面の下部に「まずはCookieの設定をしてください」と表示された場合は、［すべてのCookieを許可する］ボタンをクリックします。

3 画面の右上にある［登録］ボタンをクリックします。

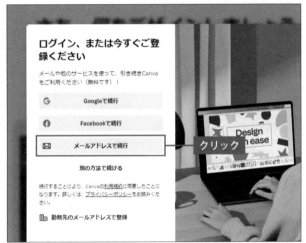

4 登録方法を選択する画面が表示されます。ここではメールアドレスで登録する方法を紹介します。

ソーシャルログインの活用

　GoogleやFacebookのアカウントを所有している方は、これらのサービスと連携して登録することも可能です。この場合は画面の指示に従って操作を進めてください。

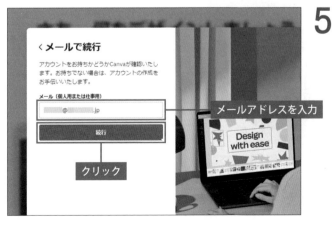

5 自分のメールアドレスを入力し、［続行］ボタンをクリックします。

6 続いて、アカウント名（自分の名前、ニックネームなど）を入力し、[アカウントを作成] ボタンをクリックします。

7 先ほど入力したメールアドレス宛にCanvaからメールが届きます。このメールに記載されているコード（6桁の数字）を覚えます。

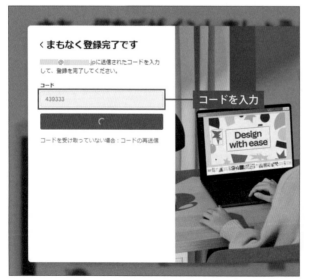

8 Webブラウザに戻り、先ほど覚えたコードを入力します。

9 このような画面が表示されるので、一覧の中から利用目的を選択します。

利用目的を選択

クリック

10 Canva Proを紹介する画面が表示されます。ここでは、とりあえず無料プラン（Free）のまま試してみるので、［後で］ボタンをクリックします。

11 「Canvaからのお知らせを受け取るか？」を選択する画面が表示されるので、いずれかのボタンをクリックします。

いずれかをクリック

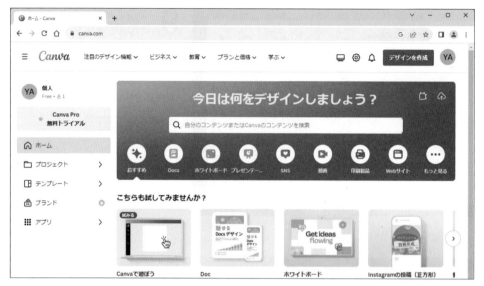

12 以上でアカウントの登録作業は完了です。Canvaのホーム画面が表示されます。

パスワードの設定

　Canvaには**自動ログイン機能**が装備されているため、同じパソコン（同じWebブラウザ）からCanva（https://www.canva.com/）にアクセスすると、すでにログインされた状態でCanvaのホーム画面が表示されます。

　とはいえ、自宅と職場／店舗／学校など、別のパソコンでCanvaを利用したい場合もあるでしょう。このような場合に備えて**パスワード**を設定しておくことをお勧めします。パスワードを設定するときは以下のように操作します。

1 Canvaのホーム画面（https://www.canva.com/）を表示します。続いて、右上にある丸いアイコンをクリックし、「アカウント設定」を選択します。

2 このような画面が表示されるので、「パスワードリセットページ」のリンクをクリックします。

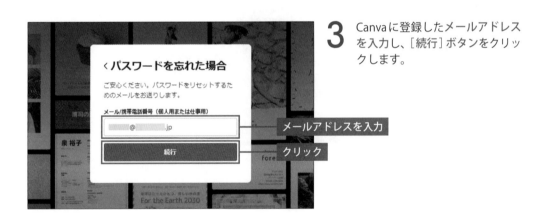

3 Canvaに登録したメールアドレスを入力し、[続行]ボタンをクリックします。

4 Canvaからメールが届くので、このメールに記載されているコード（6桁の数字）を覚えます。

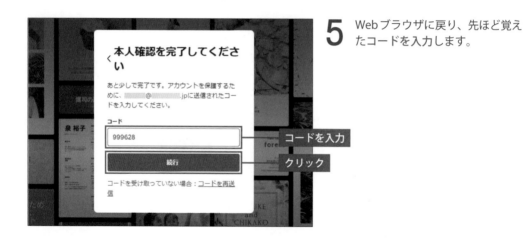

5 Webブラウザに戻り、先ほど覚え
たコードを入力します。

コードを入力

クリック

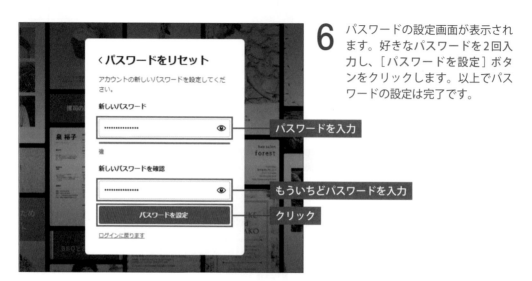

6 パスワードの設定画面が表示され
ます。好きなパスワードを2回入
力し、[パスワードを設定]ボタ
ンをクリックします。以上でパス
ワードの設定は完了です。

パスワードを入力

もういちどパスワードを入力

クリック

ログインするときの操作手順

Canvaからログアウトしているとき、もしくは別のパソコンでCanvaを利用するときは、
はじめに**ログイン**を済ませておく必要があります。Canvaにログインするときは以下のよ
うに操作します。

クリック

1 Canvaのホーム画面（https://www.canva.com/）を表示し、[ログイン]ボタンをクリッ
クします。

2 「メールアドレスで続行」をクリックします。

3 Canvaに登録したメールアドレスを入力し、[続行] ボタンをクリックします。

4 パスワードを入力し、[ログイン] ボタンをクリックします。

5 ログインが完了し、Canvaのホーム画面が表示されます。

03 デザインの作成手順

★★★

続いては、デザインの作成手順を簡単に紹介しておきます。具体的な操作手順は第2章以降で詳しく解説するので、ここで"大まかな流れ"を把握しておいてください。

デザインの作成例（1）　名刺・ショップカード編

名刺やショップカードのように「文字の書き換え」だけでデザインを作成できる場合もあります。まずは、最も簡単な作成例を紹介しておきます。

1 最初に、作成するデザインの「用途」と「サイズ」を選択します。印刷物を作成するときは「印刷製品」の分類から用途・サイズを選択します。

2 用途・サイズに応じたテンプレートが一覧表示されます。適当なキーワードを入力してテンプレートを絞り込むことも可能です。

3 好きなテンプレートが見つかったら、そのサムネイルをクリックします。

クリック

検索結果の一覧

クリック

テンプレートが適用される

片面だけを適用する場合

4 続いて、［両方のページに適用］ボタンをクリックすると、そのテンプレートが編集画面に適用されます。
※裏面のデザインが用意されていないテンプレートもあります。

5 デザイン内にある文字は「テキストボックス」で作成されています。それぞれの文字をダブルクリックし、文字を書き換えていきます。

6 同様の手順でテキストボックスの文字を書き換えていくと、名刺の表面が完成します。このとき、**文字の書式**（フォント、サイズ、色など）を変更することも可能です。

7 表面と裏面は、編集画面の下部にあるサムネイルをクリックして切り替えます。同様の手順で、裏面についても文字を書き換えていきます。

表面

裏面

8 以上でデザインの作成は完了です。このように「文字の書き換え」だけでデザインを作成できる場合もあります。

9 作成したデザインを印刷・配送してくれるサービスも用意されています。そのまま編集作業を終えるときは、Webブラウザのタブを閉じます。
※印刷料金は、サイズ／用紙の種類／印刷枚数などに応じて変化します。

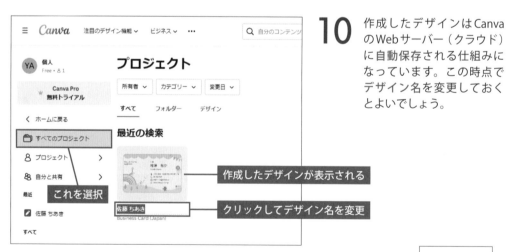

10 作成したデザインはCanvaのWebサーバー（クラウド）に自動保存される仕組みになっています。この時点でデザイン名を変更しておくとよいでしょう。

作成したデザインのサムネイル

　編集作業を終えた直後は、右図のようにサムネイルが表示される場合もあります。数分ほど待つとサムネイルが作成され、デザインのイメージが表示されるようになります。

最近の検索

名称未設定のデザイン
Business Card (Japan)

11 作成したデザインを画像または PDF 形式でダウンロードし、自宅のプリンター（またはコンビニのコピー機など）で印刷して利用することも可能です。

デザインの作成例（2） チラシ・ポスター編

　チラシやポスターなどのデザインを作成するときは、「文字の書き換え」と「写真の差し替え」を行うことにより、テンプレートを目的に合わせたデザインにカスタマイズしていきます。

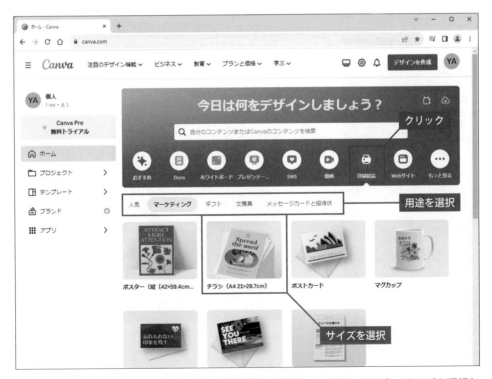

1 チラシやポスターを作成するするときも「印刷製品」の分類から用途・サイズを選択します。

2 適当なキーワードを入力してテンプレートを検索し、好きなテンプレートのサムネイルをクリックします。

キーワードを入力して
[Enter]キーを押す

クリック

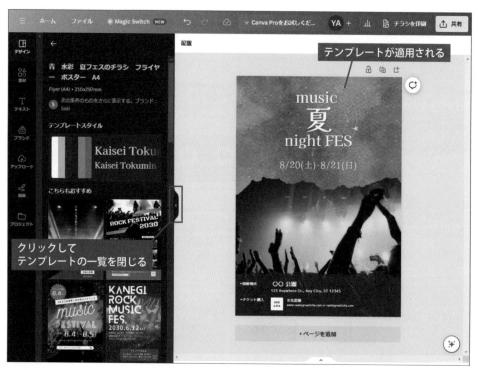

テンプレートが適用される

クリックして
テンプレートの一覧を閉じる

3 そのテンプレートが編集画面に適用されます（裏面のデザインがない場合）。その後、■をクリックしてテンプレートの一覧を閉じます。

4 目的に応じて文字を書き換え、書式を指定していきます。

5 不要な素材（テキストボックス）があるときは、それをクリックして選択し、🗑で削除します。

6 Canvaに用意されている素材集を使用することも可能です。この場合は「素材」をクリックし、適当なキーワードを入力します。続いて、「グラフィック」や「写真」などの分類にある「すべて表示」をクリックします。

オリジナル画像の使用

　自分で撮影した写真など、オリジナル画像を挿入することも可能です。これについてはP124～129で詳しく解説します。

7 キーワードに合致する素材が一覧表示されます。すでに配置されている「写真」や「イラスト」を差し替えるときは、その上に「好きな素材」をドラッグ＆ドロップします。

8 「写真」や「イラスト」をドラッグして位置を移動することも可能です。同様の手順で「テキストボックス」の位置も移動できます。

9 「写真」や「イラスト」のサイズを変更するときは、四隅に表示されるハンドルをドラッグします。

ドラッグしてサイズ変更

左右にドラッグして
画面表示を拡大／縮小

10 画面表示を拡大／縮小しながらデザインを編集していくことも可能です。小さな文字を編集するときなどに活用してください。

[Alt]キーを押しながら
ドラッグ＆ドロップ

11 「写真」や「イラスト」、「テキストボックス」などをコピー（複製）する機能も用意されています。この場合は、[Alt]キーを押しながら素材をドラッグ＆ドロップします。

12 必要なだけ「テキストボックス」をコピーできたら、文字を書き換えて書式を調整します。

13 最後に、各素材の配置を整えてデザインを仕上げます。

14 もちろん、チラシやポスターなども印刷・配送サービスを依頼できます。そのまま編集作業を終えるときは、Webブラウザのタブを閉じます。
※印刷料金は、サイズ／用紙の種類／印刷枚数などに応じて変化します。

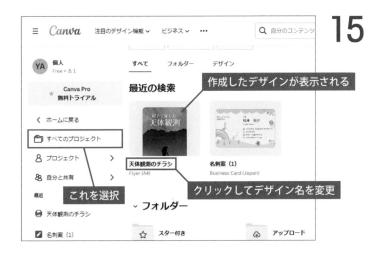

15 Canvaのホーム画面に戻り、「すべてのプロジェクト」を選択すると、作成したデザインが自動保存されているのを確認できます。ここでデザインをダウンロードすることも可能です。

このように、好きなテンプレートを選択して「文字の書き換え」や「写真の差し替え」を行うだけで見栄えのよいデザインを作成できるのがCanvaの魅力です。もちろん、自分で撮影した写真を使用する、テンプレートの配色を変更する、レイアウトを調整する、などのカスタマイズを施して、より独自性のあるデザインに仕上げていくことも可能です。

第**2**章

Canva の基本操作

● ● ● ● ●

第 2 章では、テンプレートの選択、文字の編集、写真・
イラスト・図形の編集、背景の編集、作成したデザイン
のダウンロード、印刷方法など、Canva を使用する際
に必ず覚えておくべき操作について解説します。

04 ★★★ サイズとテンプレートの選択

デザインを作成するときに最初に行うべき作業は、「用紙サイズ」と「テンプレート」の選択です。まずは、これらの作業を行うときの操作手順と注意点について解説します。

用紙サイズとテンプレートの選択

名刺やポスター、チラシなどの印刷物をデザインするときは、以下に示した手順で用紙サイズとテンプレートを選択します。

Canvaのホーム画面を開き、「印刷製品」の分類から用途・サイズを選択します。

> **用紙サイズの変更について**
> 無料のFree版は、いちど選択した用紙サイズを後から変更できない仕様になっています。このため、間違ったサイズで編集作業を進めてしまうと、その作業が無駄になってしまう恐れがあることに注意してください。なお、Pro版（有料プラン）にアップグレードすると、編集作業を開始した後でも用紙サイズを変更できるようになります。

2 用途・サイズに応じたテンプレートが一覧表示されます。この中からテンプレートを選択しても構いませんし、キーワードを入力してテンプレートを検索しても構いません。

キーワードを入力して
[Enter]キーを押す

テンプレートの一覧

3 キーワード検索した場合は、そのキーワードに合致するテンプレートだけが一覧表示されます。好きなテンプレートが見つかったら、そのサムネイルをクリックします。

クリックして
テンプレートを選択

4 表面だけでなく裏面のデザインも用意されている場合は、このような画面が表示されます。表面と裏面の両方を利用するときは［両方のページに適用］ボタンをクリックします。片面だけを利用するときは、その下にあるサムネイルをクリックします。

表面と裏面の両方を適用する場合

裏面だけを適用する場合

表面だけを適用する場合

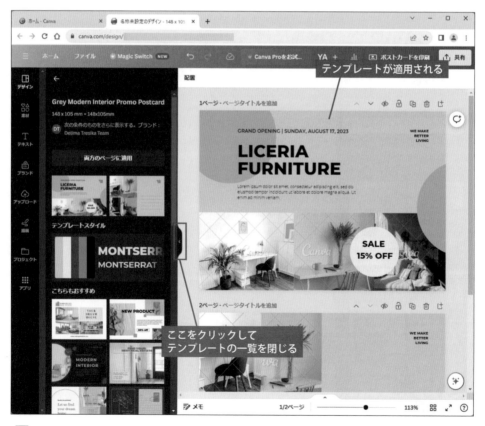

テンプレートが適用される

ここをクリックして
テンプレートの一覧を閉じる

5 テンプレートが適用され、デザインの編集作業を開始できるようになります。

Pro版のテンプレートについて

サムネイルの右下に  が表示されているテンプレートは、Pro版（有料プラン）を契約している方だけが利用できるテンプレートとなります。

Pro版を契約している場合にのみ
利用可能なテンプレート

このテンプレートをFree版の方が選択しようとすると、Pro版へのアップグレードを促す画面が表示されます。画面の指示に従ってPro版の契約^{（※1）}を済ませると、 が表示されているテンプレートも利用できるようになります。無料のFree版のまま作業を進めたい場合は ✕ をクリックして画面を閉じ、 が表示されていないテンプレートを選択するようにしてください。

Free版のまま使用する場合

Pro版を試してみる場合

（※1）Pro版の無料トライアル

最初の30日間だけPro版を無料で試せるトライアルが用意されています。以降は月単位または年単位のサブスクリプションが自動契約されます。なお、トライアル期間中にPro版の契約をキャンセルした場合は、Pro版の利用料金は発生しません。

テンプレートを変更するには？

　テンプレートを適用すると、それによく似たデザインのテンプレートが一覧表示されます。この中から別のテンプレートを選択しなおすことも可能です。

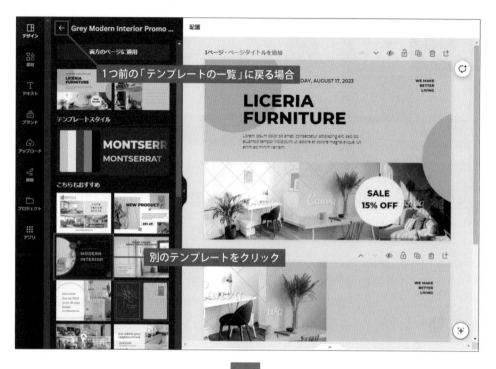

　そのほか、← をクリックして1つ前の「テンプレートの一覧」に戻り、別のテンプレートを選択しなおす、キーワード検索をやり直す、といった操作も問題なく行えます。このように、気に入ったデザインが見つかるまで何度でも「テンプレートの選択」をやりなおしても構いません。

すでに編集作業を進めている場合であっても、テンプレートを変更することが可能です。この場合は「**デザイン**」をクリックしてテンプレートの一覧を開き、別のテンプレートを選択しなおします。

続いて、以下のような画面が表示されるので、いずれかのボタンをクリックしてテンプレートの適用方法を選択します。

■片面（1ページ）だけを適用しようとした場合

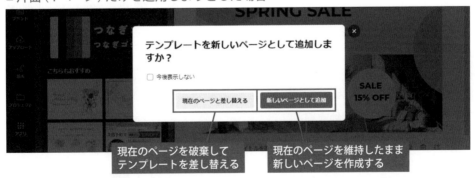

■両面（複数ページ）を適用しようとした場合

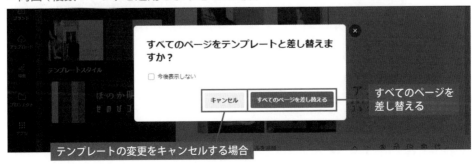

配色を変更するには？

　適用したテンプレートの**配色**を変更する機能も用意されています。配色を変更するときは「**テンプレートスタイル**」に表示されているカラーパレットをクリックします。

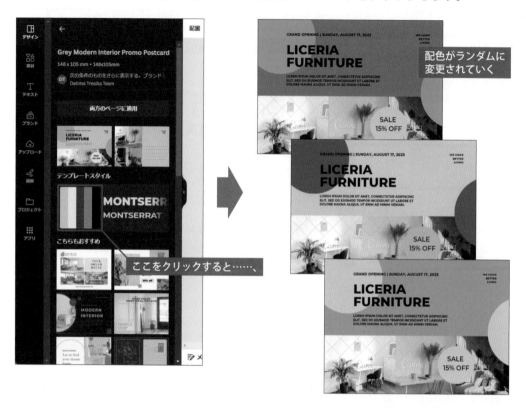

キーワードでテンプレートを選択する場合

　Canvaのホーム画面にある**検索欄**を使って、テンプレートを探す方法も用意されています。ただし、この場合は**用紙サイズ**に十分注意しながら作業を進める必要があります。

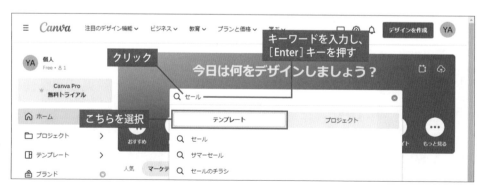

1 Canvaのホーム画面にある検索欄をクリックし、「テンプレート」を選択します。その後、適当なキーワードを入力して[Enter]キーを押します。

2 キーワードに合致するテンプレートが一覧表示されるので、「カテゴリー」をクリックして用途で絞り込みます。

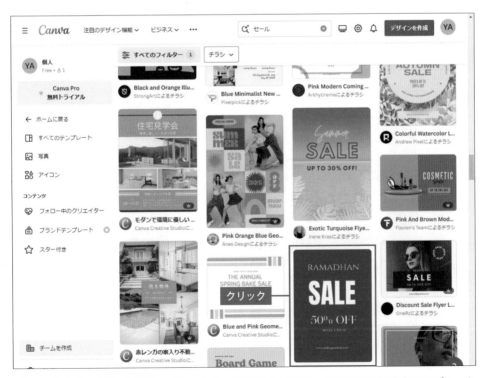

3 選択した用途に合うテンプレートが一覧表示されます。この中から好きなテンプレートをクリックします。

4 このような画面が表示されるので、用紙サイズを選択し、[このテンプレートをカスタマイズ] ボタンをクリックします。

印刷用の設定

　この画面にある「用紙の種類」や「仕上げ」、「数量」といった項目は、Canva に印刷を依頼するときの設定項目です。Canva に印刷を依頼しない場合は、これらの項目を無視して構いません。

5 テンプレートが適用された形で編集画面が表示されます。「Canva に印刷を依頼する画面」を閉じて、編集作業を進めていきます。

［デザインを作成］ボタンの活用

そのほか、［デザインを作成］ボタンを使ってデザインの作成を開始する方法も用意されています。こちらは、A4や名刺、はがき（ポストカード）といった定型サイズではなく、**用紙サイズを自由に指定してデザインを作成したいときに活用できます。**

1 Canvaのホーム画面にある［デザインを作成］ボタンをクリックし、「カスタムサイズ」を選択します。

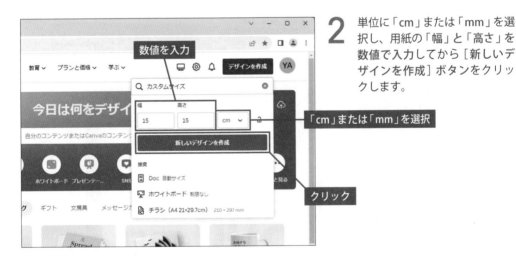

2 単位に「cm」または「mm」を選択し、用紙の「幅」と「高さ」を数値で入力してから［新しいデザインを作成］ボタンをクリックします。

3 デザインの編集画面が表示されるので、適当なキーワードを入力してテンプレートを検索します。

4 好きなテンプレートをクリックして選択します。

5 以降の操作手順は、これまでに解説してきた内容と同じです。もちろん、テンプレートを選択しなおしたり、配色を変更したりすることも可能です。

05

★★★

編集画面の基本操作

テンプレートを選択できたら、各自の状況にあわせて「文字」や「写真」など
を編集していきます。続いては、デザインを編集するときに必須となる基本
操作について説明しておきます。

素材の選択と選択解除

　Canvaは「文字」（テキストボックス）や「写真」、「図形」などの素材を自由に配置して
デザインを構成していく仕組みになっています。それぞれの**素材を選択**するときは、その
素材をマウスで**クリック**します。

　デザインを構成する「図形」や「写真」などが用紙をはみ出して配置されているケースも
あります。これらの素材もマウスの**クリック**で選択できます。以下の図は、用紙をはみ出
して配置されている「円の図形」を選択した例です。

複数の素材を同時に選択するときは、［Shift］キーを押しながら素材をクリックしていきます。同様の操作を繰り返して3つ以上の素材を同時に選択することも可能です。

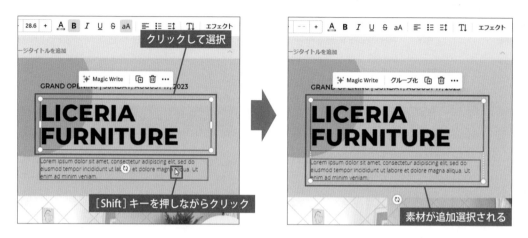

ドラッグ操作による素材の選択
　マウスをドラッグして、その範囲内にある素材を同時に選択することも可能です。ただし、不要な素材まで選択されてしまう、素材が移動されてしまう、などのミスを犯しやすいため、慣れるまでは［Shift］キーを使って複数の素材を同時選択したほうが確実です。

　なお、**素材の選択を解除**するときは、用紙の外にある余白部分をクリックします。すると、すべての素材の選択が解除されます。

画面表示の拡大／縮小

　小さい文字を編集するときは、あらかじめ画面表示を拡大しておくと作業を進めやすくなります。**画面表示を拡大／縮小**するときは、右下にある**スライダーをドラッグ**します。

ここをドラッグすると……、

画面表示が拡大／縮小される

[Ctrl]＋マウスホイールによる拡大／縮小
　[Ctrl] キーを押しながらマウスホイールを回転させて画面表示を拡大／縮小させることも可能です。便利な操作方法なので、ぜひ覚えておいてください。

■ 表示倍率を数値で指定
　「○○％」と表示されている部分をクリックして、100％や200％、75％、50％などの切りのよい表示倍率を指定することも可能です。そのほか、「**全体表示**」や「**幅全体**」といった指定方法も用意されています。

・全体表示
　用紙全体が収まるように表示倍率を自動調整

・幅全体
　用紙の幅に合わせて表示倍率を自動調整

表示倍率を選択

クリック

■ グリッドビューと全画面表示

画面の表示モードを**グリッドビュー**や**全画面表示**に切り替える機能も用意されています。ページ構成を確認したり、ページ全体を大きく表示して細部を確認したりするときに活用してください。ただし、これらの表示モードのときは**デザインを編集できない**ことに注意してください。

グリッドビュー

全画面表示

> **Canvaを使ったプレゼンテーション**
>
> PowerPointの代わりにCanvaを使ってプレゼンテーション用のスライドを作成することも可能です。「全画面表示」の表示モードは、作成したデザインでスライドショーを実行するときにも活用できます。

素材の移動

　続いては、素材の位置を**移動**するときの操作方法を解説します。「文字」（テキストボックス）や「写真」、「図形」などの位置を移動するときは、その素材をマウスで**ドラッグ**します。

　素材の移動中は、他の素材と「位置」や「間隔」が揃っていることを示す「紫色の点線」が表示されます。これを目印にして素材を整列させることも可能です。

素材の回転
　　をドラッグすると、素材を回転させることができます。

素材のサイズ変更

　素材の**サイズを変更するときは、素材をクリックして選択し、四隅や上下左右にあるハ
ンドルをドラッグ**します。ただし、素材の種類に応じて動作が以下のように変化すること
に注意してください。

■ 図形のサイズ変更

　「四隅にあるハンドル」をドラッグすると、縦横の比率を維持したままサイズを変更で
きます。「上下左右にあるハンドル」をドラッグしたときは、縦方向または横方向のサイ
ズだけが変更されます。

■ テキストボックスのサイズ変更

　「四隅にあるハンドル」をドラッグすると、内部に入力されている文字も一緒にサイズ
変更されます。「左右にあるハンドル」をドラッグすると、テキストボックスの幅を変更
できます。テキストボックスの高さは、内部に入力されている文字（行数）に応じて自動
的に変化します。

■写真のサイズ変更

「四隅にあるハンドル」をドラッグすると、縦横の比率を維持したままサイズを変更できます。「上下左右にあるハンドル」をドラッグしたときは、「幅」または「高さ」のサイズが変更され、それに合わせて元の比率を保つように写真が拡大／縮小されます。

「元に戻す」と「やり直す」

操作を間違えてしまったときは、 をクリックするか、もしくは [Ctrl] + [Z] キーを押します。すると、直前の操作が取り消され、ひとつ前の状態に戻すことができます。

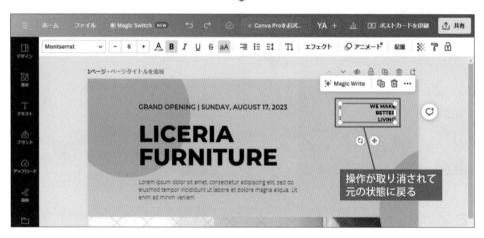

同様の操作を繰り返して、これまでに行った操作を順番に取り消していくことも可能です。なお、取り消した操作をもう一度やり直すときは、 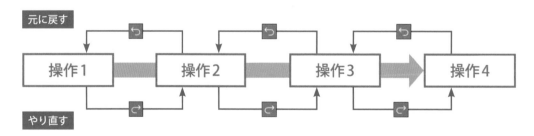 をクリックするか、もしくは [Ctrl] + [Shift] + [Z] キーを押します。そのほか、[Ctrl] + [Y] キーでも「やり直す」の操作を実行できます。

ヘルプの活用

画面の右下にある ⑦ は、Canvaの操作方法などを調べたいときに活用できます。

1 ⑦ をクリックし、調べたい内容（キーワード）を入力して［Enter］キーを押します。

2 キーワードに合致するヘルプが一覧表示されます。この中から最適なものを選択します。

3 選択したヘルプが表示され、操作方法などを調べることができます。

06

★★★

文字の編集

続いては、デザインの作成時に必須となる「文字の編集」について解説していきます。テンプレートの文字を書き換えるだけでなく、文字の書式も自由に指定できるように使い方を学んでおいてください。

文字の書き換え

デザインを作成するときは、テンプレートに配置されている文字を**用途・目的に合わせて書き換えていく**のが基本です。文字を書き換えるときは以下のように操作します。

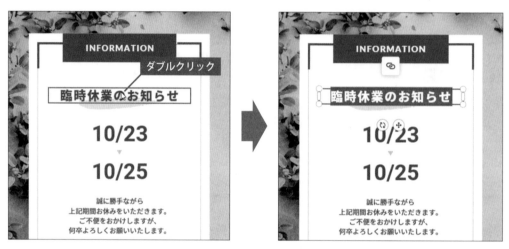

1 テンプレート上にある文字はテキストボックスで作成されています。それぞれのテキストボックスをダブルクリックすると、文字を編集できるようになります。

2 変更する文字をドラッグして選択し、文字を書き換えていきます。

このとき、［Enter］キーを押して文章を途中で改行しても構いません。テキストボックスの「高さ」は行数に応じて自動的に変化する仕組みになっています。

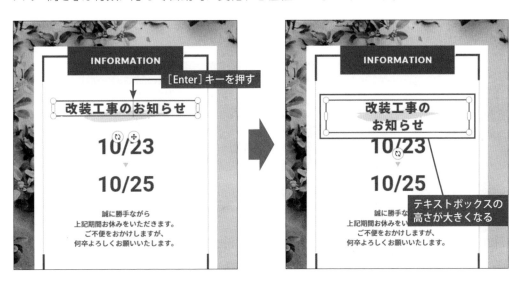

テキストボックスの移動とサイズ変更

　テキストボックスの**移動**や**サイズ変更**に関する操作は、P043〜045で解説したとおりです。いずれの操作もマウスのドラッグにより実行できます。

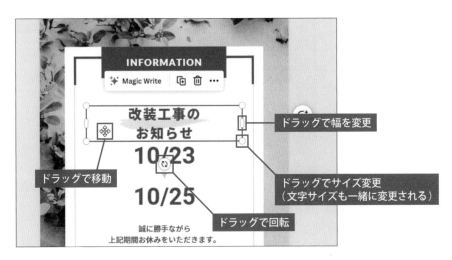

［矢印］キーを使った素材の移動
　上下左右の［矢印］キーを押して素材の位置を移動させることも可能です。この操作はテキストボックスの位置を微調整したいときに活用できます。そのほか、［Shift］を押しながら［矢印］キーを押して、もう少し大きく位置を移動させていく操作方法も用意されています。

フォントの指定

　ここからは**文字の書式**を変更する方法を解説していきます。まずは、**フォントを変更す**るときの操作手順を解説します。

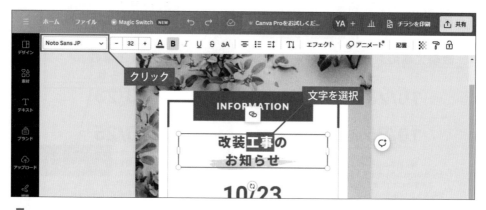

1 文字を選択し、フォントの項目をクリックします。

2 フォントが一覧表示されるので、好きなフォントを選択します。

　上図を見るとわかるように、フォントは**段落単位**で指定する仕様になっています。**文字単位のフォント指定はできない**ことに注意してください。

　Canvaには膨大な数のフォントが用意されています。フォントはデザイン全体の雰囲気を大きく変える要素にもなるため、色々と試しながら自分好みのフォントを見つけ出すようにしてください。

■ フォントの種類

Canvaに用意されているフォントは、大きく分けて**日本語フォント**と**その他のフォント**に分類できます。なお、のアイコンが付いているフォントはPro版専用のフォントになるため、Free版の方は利用できません。

- ・日本語フォント ………………… **全角文字**（ひらがな、漢字など）と**半角文字**の両方に対応
- ・その他のフォント ………… 基本的に**半角文字**にのみ対応

フォントの一覧は、「使用中のフォント」→「おすすめのフォント」→「最近使用した項目」→「人気のフォント」→「**日本語フォント**」→「**その他のフォント**」という順番で並べられています。このため、最適なフォントを探し出すために、一覧を下の方まで延々とスクロールしなければならないケースもあります。

日本語フォント

※漢字に対応していない「ひらがな・カタカナ専用の
　フォント」もあります。

その他のフォント

※ハングル文字、アラビア文字など、言語に
　特化したフォントもあります。

■ 太さのバリエーション

フォント名の左側に > が表示されているフォントは、**太さのバリエーション**が用意されています。ここで**文字の太さ**を選択することも可能です。

クリック

太さを選択

文字サイズの指定

　続いては、**文字サイズ**（フォントサイズ）を変更するときの操作手順を解説します。この書式も**段落単位**で指定する書式となります。**文字単位でのサイズ変更はできない**ことに注意してください。

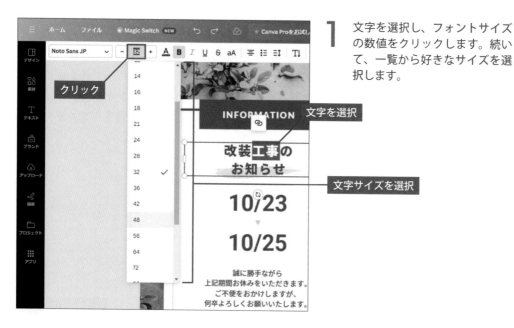

1 文字を選択し、フォントサイズの数値をクリックします。続いて、一覧から好きなサイズを選択します。

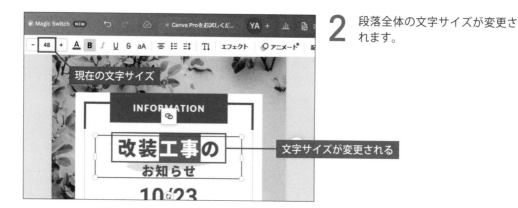

2 段落全体の文字サイズが変更されます。

　そのほか、 − や ＋ をクリックして文字サイズを1ずつ増減させたり、数値を直接入力して文字サイズを変更したりすることも可能となっています。

文字色の指定

続いては、**文字の色（テキストの色）**を変更するときの操作手順を解説します。この書式は**文字単位での指定が可能**です。ただし、少しだけ動作が複雑になるので、よく使い方を学んでおいてください。

1 色を変更する文字を選択し、Ａをクリックします。

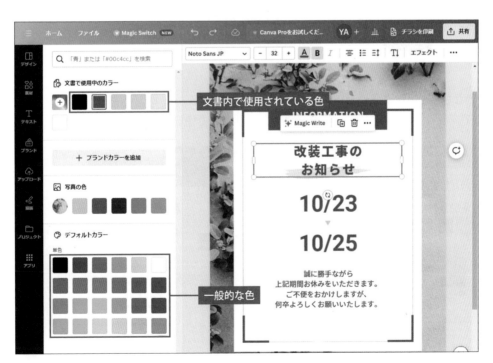

2 このような画面が表示され、文字の色を変更できるようになります。

これ以降は、次ページに示した手順で文字の色を変更していきます。

■「文書内で使用されている色」を指定する場合

　統一感のあるデザインにしたいときは、「**文書で使用中のカラー**」の中から色を選択するのが基本です。ただし、最適な色が見つからないケースもあります。

※文字の選択を解除すると、実際の文字色を確認できます。

■「一般的な色」を指定する場合

　赤、青、緑などの一般的な色を指定するときは、「**デフォルトカラー**」の中から色を選択します。

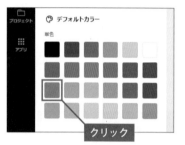 

■「好きな色」を指定する場合

　自分で好きな色を指定するときは、⊕をクリックして色を指定します。

 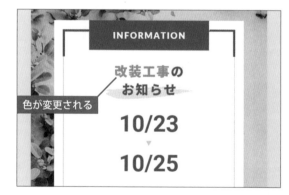

［すべて変更］ボタン

　色を指定した後に［すべて変更］ボタンをクリックすると、「同じ色の文字」がすべて「指定後の色」に変更されます。

「一般的な色」や「好きな色」を指定した場合は、その色が「**文書で使用中のカラー**」に追加される仕組みになっています。以降は、ここに表示されている色を選択すると「同じ色」を指定できるようになります。色数を抑えた、統一感のあるデザインに仕上げたい場合に活用してください。

太字／斜体／下線／取り消し線の指定

文字を**太字**や**斜体**にしたり、**下線**や**取り消し線**を描画する書式も用意されています。これらの書式も**文字単位での指定が可能**です。

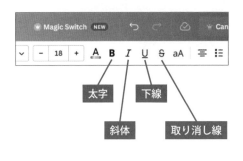

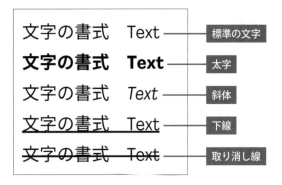

書式の有効／無効は、各アイコンをクリックして指定します。ただし、**太字**や**斜体**を指定できないフォントがあることに注意してください。この場合はアイコンがグレーアウトされて表示されます。

Canvaはフォントの変更により**太字**を指定する仕組みになっています。このため、**太さのバリエーション**（P051参照）が用意されていないフォントは太字にできません。

また、**斜体**に対応していないフォントも沢山あります。日本語フォントは斜体に対応していないフォントが多く、斜体を指定できないケースが大半を占めます。

小文字を大文字として表示

aA は、アルファベットの小文字を大文字として表示するときに利用します。こちらは段落単位で指定する書式となります。

文字の配置について

　続いては、文字の配置に関連する書式の指定方法を解説します。なお、これらの書式は**段落単位**で指定する書式となります。

■ 文字の配置

　左揃え／中央揃え／右揃え／両端揃えといった配置を変更するときは、「配置」のアイコンをクリックします。アイコンをクリックする毎に、文字の配置が以下のように変化していきます。

中央揃え

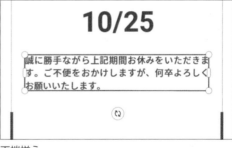

右揃え

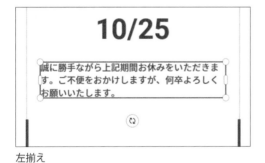

左揃え

両端揃え

■ 箇条書きと段落番号

　複数の段落を選択した状態で以下のアイコンをクリックし、**箇条書き**や**段落番号**を指定することも可能です。アイコンをクリックする毎に、書式が以下のように変化していきます。

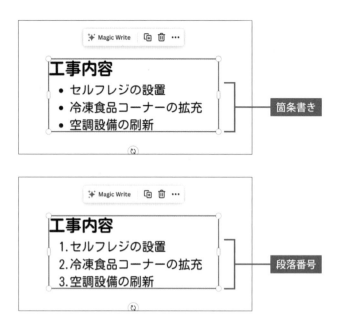

■ 文字間隔と行間隔

　📏 をクリックしてスライダーを左右にドラッグすると、**文字の間隔**や**行間**を変更できます。数値の直接入力も可能です。

文字の間隔を大きくした例

行間を大きくした例

■ 縦書きの指定

　縦書きのテキストボックスに変更する
ときは T↓ をクリックします。もういち
ど T↓ をクリックすると、横書きのテキ
ストボックスに戻ります。

文字の装飾（エフェクト）

　文字を装飾したり、湾曲した配置に変更したりする**エフェクト**も用意されています。
この書式は**テキストボックス全体が対象**になります。

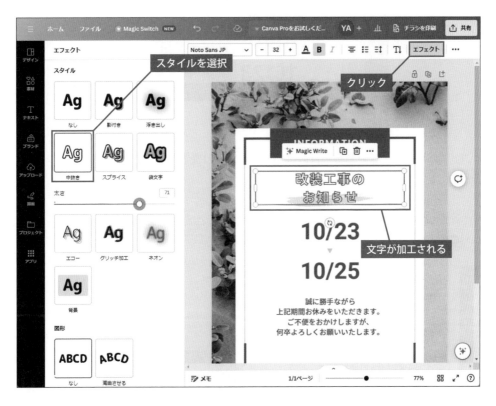

テキストボックスの追加と削除

　デザインに新しい**テキストボックスを追加**することも可能です。テキストボックスを追加するときは、以下のように操作します。

1 「テキスト」をクリックし、[テキストボックスを追加]ボタンをクリックします。

2 デザインにテキストボックスが追加されるので、文字の書き換え、書式の指定、位置の移動などを行います。

　これとは逆に、不要な**テキストボックスを削除**するときは、そのテキストボックスを選択し、🗑をクリックします。

07 画像の編集

★★★

Canvaに用意されている「写真」や「イラスト」の素材集を使ってデザインを
カスタマイズしていくことも可能です。続いては、画像を編集するときの
操作手順について解説します。

写真素材の差し替え

　テンプレートに配置されている写真を用途や目的に合わせて差し替えることも可能で
す。まずは、Canvaに用意されている素材集の中から写真を検索して、差し替えるときの
操作手順を解説します。

1 デザインの編集画面を開き、「素材」をクリックします。続いて、適当なキーワードを
入力し、[Enter] キーを押します。

2 キーワードに合致する素材が数点ずつ分類別に表示されます。「写真」の分類にある「す
べて表示」をクリックします。

写真の検索結果が
一覧表示される

3 キーワードに合致する写真が一覧表示されます。

ドラッグ＆ドロップ

4 テンプレートに配置されている写真を差し替えるときは、「検索した写真」を「元の写真」
の上へドラッグ＆ドロップします。

5 テンプレートに配置されていた写真が「検索した写真」に差し替えられます。

6 同様の操作を繰り返して、他の写真も「検索した写真」に差し替えていきます。以降は、P048〜060に示した手順で「文字の編集」を進めていくと、デザインが完成します。

オリジナル画像の使用

自分で撮影した写真など、各自で用意した写真を使用することも可能です。この操作手順については P124〜129 で詳しく解説します。

写真の追加

既存の写真を差し替えるのではなく、新たに**写真を追加**したい場合もあるでしょう。この場合は「検索した写真」を**クリック**します。

あとは「追加した写真」の**位置**と**サイズを調整**するだけです。これらの操作はP043〜045で解説したとおりです。

ドラッグで移動

ドラッグでサイズ変更

ドラッグで回転

写真の削除

デザインから不要な**写真を削除**するときは、その写真をクリックして選択し、🗑 をクリックします。

写真を選択

クリック

写真が削除される

このとき、次ページに示したような選択肢が表示される場合もあります。

写真が**グリッド**に配置されていた場合は、以下のような選択肢が表示されます。ここで「**画像を削除**」を選択すると、グリッドを残したまま、写真だけを削除できます。

　この場合、グリッド上に「別の写真」をドラッグ＆ドロップすることで同じ配置のまま「別の写真」を掲載しなおすことが可能です。

　「**グリッドを削除**」を選択した場合は、写真だけでなく、グリッドも一緒に削除されます。このため、同じ配置で写真を再掲載するのが難しくなります。

グリッドとは？
　写真などを格子状に整列させて配置できるツールです。グリッドの使い方についてはP139〜146で詳しく解説します。

写真が**フレーム**に配置されていた場合は、以下の図のような選択肢が表示されます。ここで「**画像を削除**」を選択すると、フレームを残したまま写真だけを削除できます。「**フレームを削除**」を選択した場合は、写真だけでなく、フレームも一緒に削除されます。

写真だけが削除され、フレームは残る

写真とフレームが一緒に削除される

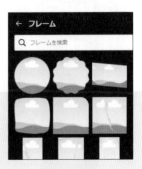

フレームとは？
　写真を「円」や「平行四辺形」などの形に切り抜いて掲載できるツールです。フレームの使い方についてはP135〜138で詳しく解説します。

グリッドやフレームに挿入されている写真のサイズ変更

前述したように、デザイン上に配置されている写真は、

- **単独**で配置されている写真
- **グリッド**に挿入されている写真
- **フレーム**に挿入されている写真

の3種類に分類できます。ただし、Canvaの使い方に慣れるまでは、それぞれの写真が「どのように配置されているか？」を見分けるのが難しいかもしれません。

このような場合は、試しに [🗑] をクリックしてみると、写真の状況を見分けることができます。写真がグリッドに挿入されていた場合は「**グリッドを削除**」、フレームに挿入されていた場合は「**フレームを削除**」という選択肢が表示されます。

グリッドに挿入されていた場合

フレームに挿入されていた場合

選択肢が表示されずに、写真が即座に削除された場合は**単独で配置されている写真**と考えられます。この場合は [Ctrl] + [Z] キーを押して「写真を削除する操作」を取り消すと、写真を削除する前の状態に戻すことができます。

写真が「グリッド」や「フレーム」に挿入されていた場合は、サイズと位置の調整が少しだけ難しくなります。普通に四隅や上下左右にあるハンドルをドラッグすると、その操作は**グリッドのサイズ変更**または**フレームのサイズ変更**として扱われます。

「グリッド」や「フレーム」は写真の一部分だけを表示する窓（切り抜き枠）のような役割を果たしています。「グリッド」や「フレーム」のサイズを維持したまま、内部の写真についてのみサイズや位置を変更したいときは、以下のように操作します。

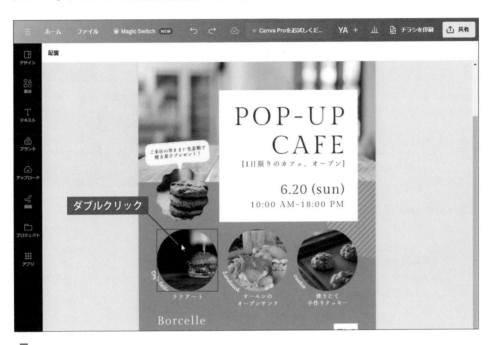

1 「グリッド」または「フレーム」に挿入されている写真をダブルクリックします。

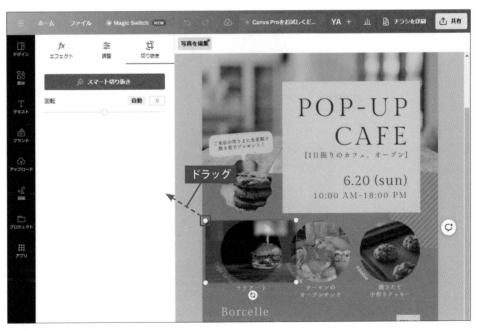

2 このような画面が表示されます。四隅にあるハンドルをドラッグすると……、

3 写真を拡大/縮小できます。続いて、写真を上下左右にドラッグすると……、

サイズの縮小について
　写真のサイズを「グリッド」や「フレーム」より小さくすることはできません。念のため、覚えておいてください。

4 写真の位置を変更できます。写真の配置を調整できたら［完了］ボタンをクリックします。

5 写真の配置が調整され、通常の編集画面に戻ります。

　ここでは「フレーム」の場合を例に操作手順を紹介しましたが、「グリッド」の場合も同様の考え方になります。「**グリッド**」は**写真を四角形に切り抜く窓**として機能している、と考えると状況を把握しやすくなるでしょう。

スマート切り抜きと回転
　写真の配置を調整する画面にある［スマート切り抜き］ボタンをクリックすると、写真の内容に応じて配置（位置とサイズ）を自動調整できます。機械による自動調整なので必ずしも上手くいくとは限りませんが、気になる方は試してみてください。また、回転のスライダーを左右にドラッグして、写真を回転させることも可能となっています。

プレミアム画像を使用するには？

サムネイルの右下に 👑 が表示されている写真は、Pro版を契約している方向けの写真（**プレミアム画像**）となります。

Pro版向けの写真
（プレミアム画像）

とはいえ、これらの写真をFree版の方が使用することも不可能ではありません。プレミアム画像をデザイン上に配置すると、格子状の「透かし」が表示されます。

ドラッグ＆ドロップして差し替え

格子状の「透かし」が表示される

この「透かし」はPro版（年単位：12,000円、月単位：1,500円）^{（※1）}を契約すると削除できますが、「透かし」がある状態のまま編集作業を進めても構いません。

（※1）2023年11月時点の料金

この場合は、デザインをパソコンにダウンロードするとき、もしくはCanvaに印刷を依頼するときに「プレミアム画像の使用料」を支払う形になります。

■ダウンロードするとき

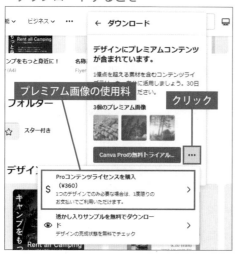

■Canvaに印刷を依頼するとき

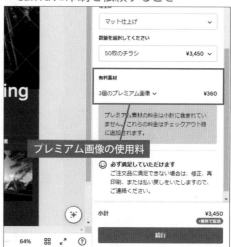

プレミアム画像の使用料は1点につき120円程度のものが多いため、「Pro版を契約するほどではないが、この画像を使いたい……」という場合は、**画像の使用料だけを支払う**のが効率的な使い方といえます。各自の状況に合わせて選択するとよいでしょう。**プレミアム画像はPro版を契約しなくても使える**ということを、ぜひ覚えておいてください。

イラスト（グラフィック）の配置

Canvaには、写真素材だけでなく、**イラスト素材**も数多く用意されています。これらも「素材」から検索することが可能です。

1 「素材」をクリックし、適当なキーワードで検索します。続いて、「グラフィック」の分類にある「すべて表示」をクリックします。

2 使いたいイラストが見つかったら、そのイラストをクリックしてデザイン上に配置します。

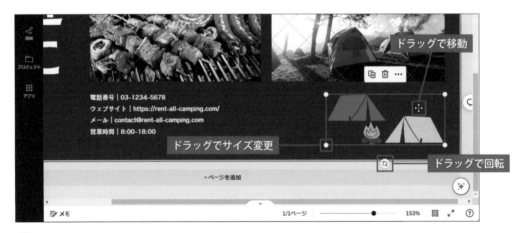

3 ハンドルをドラッグしてサイズを調整し、イラストの配置を整えます。

なお、サムネイルの右下に 👑 が表示されているイラストは、**Pro版を契約している方向けのイラスト（プレミアム画像）**となります。こちらも写真素材と同様に、イラストだけを購入することが可能です。

> **イラストの色変更**
> デザイン上に配置したイラストの色を変更する機能も用意されています。この操作手順については P134 で詳しく解説します。

08 作成したデザインの管理

★★★

文字と画像の編集方法を理解できたら、次は「作成したデザインの管理」について学んでいきましょう。ここでは、ファイル名の変更、デザインの再編集、不要なデザインの削除などについて解説します。

デザインの編集作業の終了

作成したデザインは、**CanvaのWebサーバーに自動保存される**仕組みになっています。このため、デザインを保存するにあたって特に行うべき操作はありません。デザインの作成を終えるとき、もしくはデザインの作成を途中で中断するときは、Webブラウザのタブを消去することにより編集画面を閉じます。

クリックして編集画面を閉じる

作成したデザインの確認

続いては、これまでに**作成したデザインを確認**するときの操作手順を解説します。CanvaのWebサーバーに保存されているデザインは、以下のように操作すると確認できます。

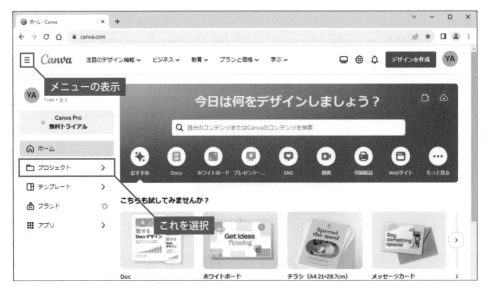

1 Canvaのホーム画面を開き、「プロジェクト」のメニューを選択します。画面の左端にメニューが表示されていない場合は、☰をクリックするとメニューを表示できます。

2 このような画面が表示され、最近、編集したデザインが数点ほど表示されます。画面を下へスクロールしていくと……、

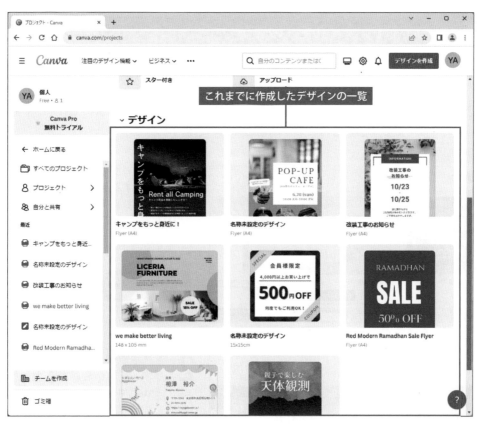

3 「デザイン」という見出しが見つかります。ここに「これまでに作成したデザイン」が
サムネイルとともに一覧表示されています。

作成したデザインのサムネイル

　デザインのサムネイルが生成されるまでに数分の時間を要することもあります。このため、デザイン
の編集作業を終えた直後は「空白のサムネイル」が表示されます。同様に、作成済みのデザインを再編集
したときも、サムネイルが「最新の状態」になるまでに数分の時間を要する場合があります。

デザインの名前（ファイル名）の変更

　作成したデザインは、それぞれに**名前（ファイル名）**が付けられています。最初は「テンプレート名」や「見出しに入力した文字」が名前として自動指定されています。このままでは内容を把握しにくいので、必要に応じて**名前を変更**しておくとよいでしょう。各デザインの名前を変更するときは、以下のように操作します。

1 各デザインの名前の上にマウスを移動すると、✐のアイコンが表示されます。このアイコンをクリックします。

名前の上にマウスを移動し、✐をクリック

2 名前を変更できるようになるので、新しい名前を入力して［Enter］キーを押します。

変更後の名前を入力し、［Enter］キーを押す

3 デザインの名前（ファイル名）が変更されます。

名前（ファイル名）が変更される

編集画面でファイル名を指定

　デザインを作成しているときに、あらかじめ名前（ファイル名）を指定しておくことも可能です。この場合は「ファイル」をクリックし、✐のアイコンをクリックして名前を指定します。

クリック

ここをクリックして名前を変更

デザインの再編集

作成した**デザインを再編集**することも可能です。デザインの作成を途中で中断して、後日、続きの作業を行うときなどは、以下のように操作してデザインの編集画面を開きます。

1 「プロジェクト」のメニューを選択し、作成したデザインの一覧を開きます。続いて、再編集するデザインのサムネイルをクリックします。

2 新しいタブが作成され、デザインの編集画面が表示されます。この画面で続きの作業を進めていきます。

デザインを複製して編集

作成したデザインをコピー（複製）する機能も用意されています。デザインをコピーするときは、そのデザインの上にマウスを移動し、[⋯]から「**コピーを作成**」を選択します。

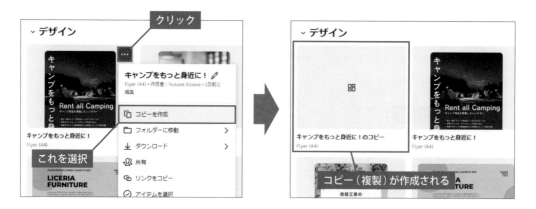

コピーした直後はサムネイルが空白になっていますが、このまま編集作業を進めていくことが可能です。現時点の状況を保存したままデザイン変更を試してみたい場合、過去に作成したデザインを再利用して「別のデザイン」を作成する場合などに活用してください。

不要になったデザインの削除

「プロジェクト」には、Canvaの使い方を学ぶために練習用として作成したデザインなども自動保存されています。これらの**デザインを削除**するときは、以下のように操作します。同様の手順で、今後、使用する機会のないデザインを削除することも可能です。

1 削除するデザインの上にマウスを移動し、[…]から「ゴミ箱へ移動」を選択します。

2 そのデザインが「プロジェクト」から削除されます。

削除したデザインは「ゴミ箱」へ移動され、30日後に完全削除される仕組みになっています。このため、「**ゴミ箱**」へ移動してから**30日以内**であれば、デザインを復元することが可能です。削除したデザインを復元するときは、次ページのように操作します。

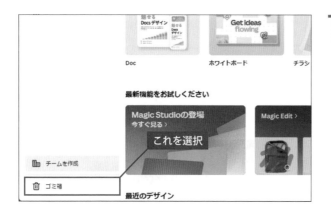

1 メニューの最下部にある「ゴミ箱」を選択します。

2 「ゴミ箱」に保管されているデザインが一覧表示されます。復元したいデザインの上にマウスを移動し、… から「復元する」を選択します。

3 「プロジェクト」のメニューを選択し、画面を下へスクロールしていくと、デザインが復元されているのを確認できます。

09 図形の編集

★★☆

「四角形」や「円」、「星型」などの図形を使ってデザインを作成していくことも可能です。続いては、図形を描画したり、色や枠線の書式を変更したりするときの操作手順を解説します。

図形の描画

まずは、新たに図形を描画するときの操作手順から解説していきます。

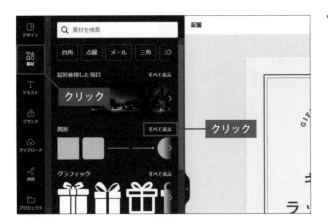

1 デザインの編集画面を開き、「素材」をクリックします。続いて、「図形」の分類にある「すべて表示」をクリックします。

2 図形が一覧表示されます。この中から好きな形状をクリックします。

3 デザインに図形が追加されるので、図形のサイズと位置を調整します。

ドラッグで移動
ドラッグでサイズ変更
ドラッグでサイズ変更（比率を維持）
ドラッグで回転

形状の変更

　ここからは**図形の書式**を変更するときの操作手順を解説していきます。テンプレートに初めから配置されていた図形も、同様の手順で書式を変更することが可能です。まずは、図形の**形状を変更**する方法を解説します。

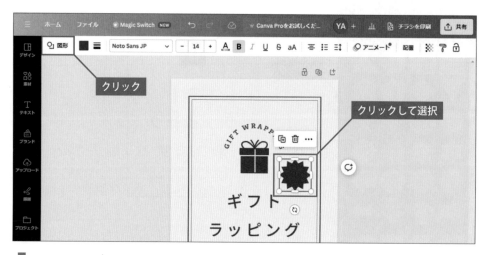

クリック

クリックして選択

1 図形をクリックして選択し、ツールバーにある ⬡図形 をクリックします。

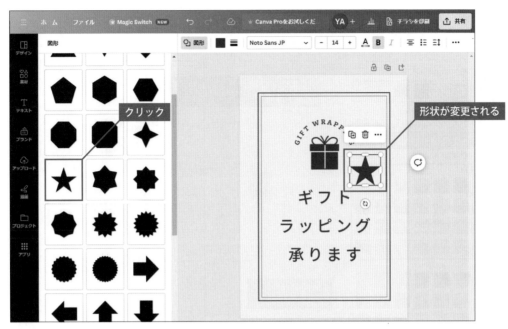

2 図形の形状が一覧表示されるので、変更後の「図形の形状」をクリックします。すると、その形状に図形が変更されます。

図形の色

続いては、**図形の色**を変更するときの操作手順を解説します。

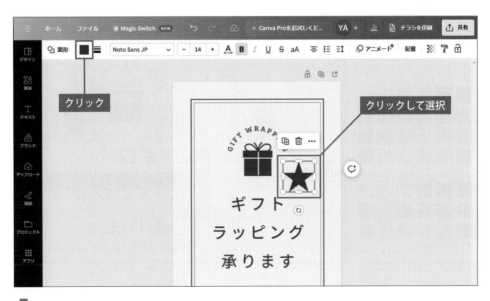

1 図形をクリックして選択し、「カラー」のアイコンをクリックします。

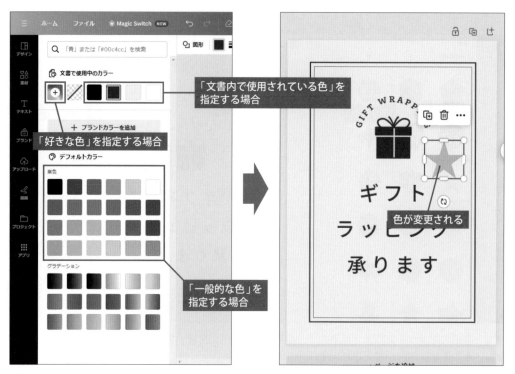

2 色の指定画面が表示されます。色の指定方法は「文字の色」を指定する場合と基本的に同じです（参考：P053〜055）。

色の指定画面には**グラデーション**の一覧も用意されています。この中から好きなパターンを選択して、図形をグラデーションで塗りつぶすことも可能です。

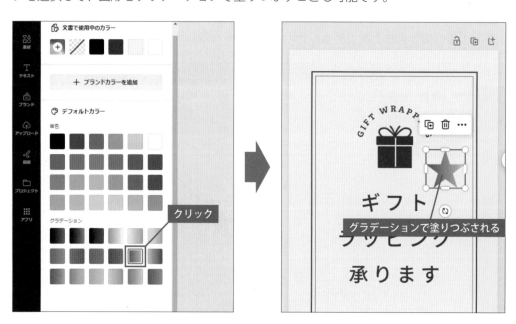

なお、グラデーションの色を自由に指定したいときは、いちど適当なグラデーションを指定したあと、次ページのように操作します。

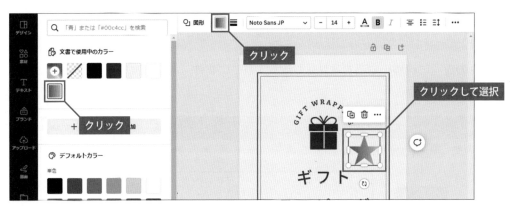

1 図形をクリックして選択し、「カラー」のアイコンをクリックします。続いて、「現在の
グラデーション」をクリックします。

2 グラデーションの設定画面が
表示されます。

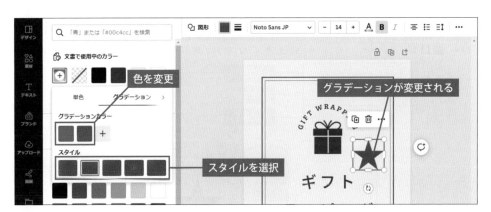

3 「2つの色」と「スタイル」を指定して、グラデーションを変更します。

3色以上のグラデーション
　+ をクリックして「新しい色」を追加し、3色以上に変化するグラデーションを指定する
ことも可能です。

図形の枠線

図形の周囲に**枠線**を描画する書式も用意されています。枠線の書式を指定するときは、以下のように操作します。

1 図形をクリックして選択し、☰をクリックします。

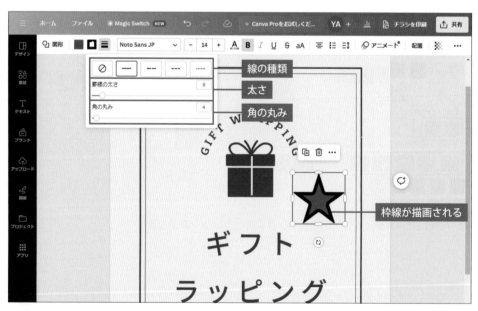

2 枠線の設定画面が表示されます。線の種類、太さ、角の丸みを指定すると、その書式で枠線が描画されます。

図形に枠線を描画すると■のアイコンが追加され、**枠線の色**も指定できるようになります。

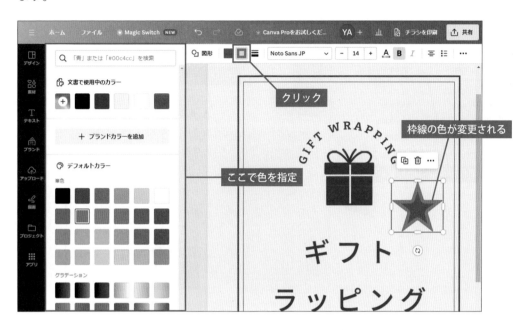

重なり順の変更

描画した図形の**重なり**順が適切な順番になってくれないケースもあると思います。このような場合は、「**配置**」を利用して素材の重なり順を調整します。

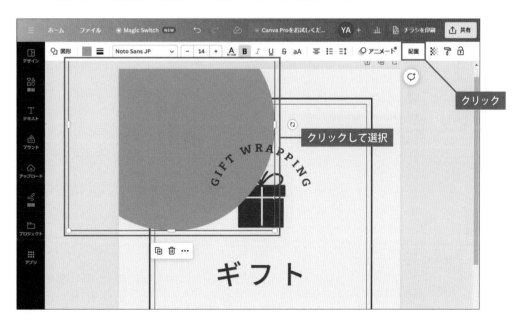

すると、以下のような画面が表示され、素材の重なり順を変更できるようになります。

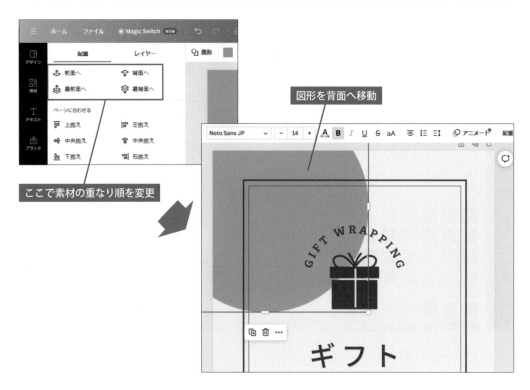

そのほか、レイヤーを使って素材の重なり順を変更することも可能となっています。

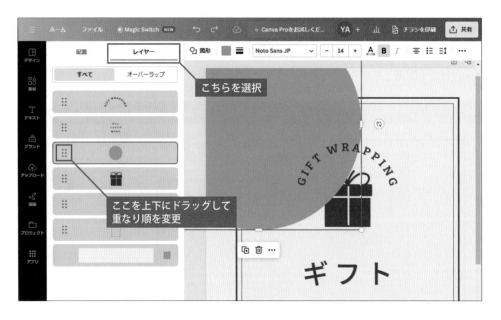

オーバーラップの活用
　レイヤーの画面で「オーバーラップ」を選択すると、選択した素材に「重なっている素材」だけを一覧表示できます。素材の数が多く、状況を把握しづらいときに活用してください。

図形内に文字を入力

図形内に**文字を入力**することも可能です。図形を**ダブルクリック**すると図形内にカーソルが表示されるので、そのまま文字を入力し、ツールバーで**文字の書式**を指定します。

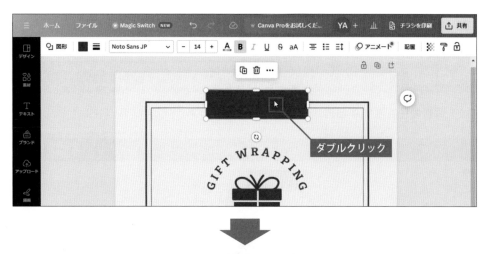

図形の内部余白 (パッディング)

図形の「内側」に余白を設ける書式 (パッディング) も用意されています。この余白のサイズは ≣ をクリックすると変更できます。文字の周囲に設けられている余白が大きすぎる場合は、ここで余白のサイズを調整してください。

10 背景の編集

★★★

デザインの背景となっている部分の色を変更したり、背景に写真を配置したりすることも可能です。続いては、デザインの「背景」を編集するときの操作手順について解説します。

背景色の変更

まずは、背景の色を変更するときの操作手順を解説します。

1 デザインの編集画面を開き、余白の部分をクリックします。

2 用紙全体が紫色の枠線で囲まれ、「背景」を選択している状態になります。この状態のまま「カラー」のアイコンをクリックします。

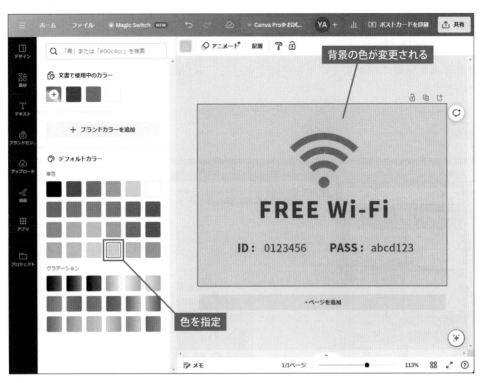

3 色の指定画面が表示されるので、これまでと同様の手順で色を指定します。すると、背景の色が「指定した色」に変更されます。

そのほか、P086～087に示した方法を使って、背景に独自のグラデーションを指定することも可能です。

背景に写真を設定

　好きな写真を背景に設定することも可能です。この場合は、以下に示した手順で操作を進めていきます。

1 「素材」をクリックし、背景に使用する写真をキーワード検索します。好きな写真が見つかったら、その写真をクリックしてデザインに追加します。

2 追加した写真を右クリックし、「画像を背景として設定」を選択します。

写真が「背景」として設定される

3 写真が「背景」に設定されます。その後、背景写真にあわせて各素材の位置を調整すると、上図のようなデザインに仕上げられます。

なお、背景に設定した写真を解除するときは、**背景の部分を右クリック**し、「**背景から画像を切り取る**」を選択します。この操作を行うと背景が単色の状態に戻り、背景だった写真は「通常の写真素材」として配置されます。

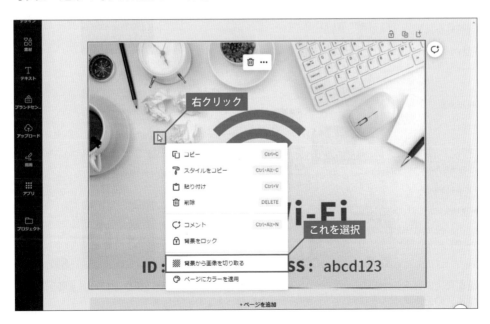

右クリック

これを選択

11

★★★

デザインのダウンロード

作成したデザインを自分で印刷するときは、事前にデザインのダウンロードを行っておく必要があります。続いては、デザインをパソコンにダウンロードするときの操作手順を解説します。

デザインのダウンロード手順

作成したデザインをPDFまたは画像（JPG／PNG）のファイルとしてダウンロードするときは、以下のように操作します。

1 Canvaのホーム画面を開き、「プロジェクト」のメニューを選択します。

2 画面を下へスクロールし、デザインの一覧を表示します。続いて、ダウンロードするデザインの上へマウスを移動し、┅から「ダウンロード」を選択します。

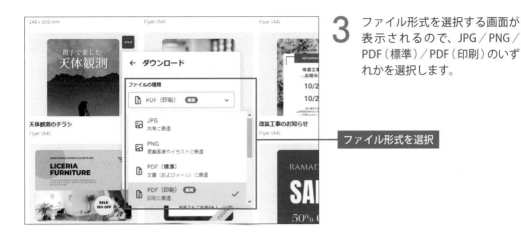

3 ファイル形式を選択する画面が表示されるので、JPG／PNG／PDF（標準）／PDF（印刷）のいずれかを選択します。

ファイル形式を選択

PDF（印刷）の場合

クリック

PNG（画像）の場合

クリック

4 ［ダウンロード］ボタンをクリックすると、デザインのダウンロードが開始されます。

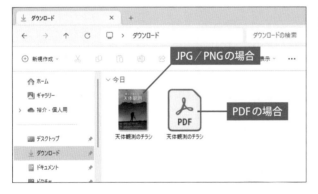

JPG／PNGの場合

PDFの場合

5 「ダウンロード」フォルダーを開くと、指定したファイル形式でデザインがダウンロードされているのを確認できます。

ページが複数あるデザイン

　表面と裏面のようにページが複数あるデザインを画像（.JPG／PNG）の形式でダウンロードした場合は、ZIP形式の圧縮ファイルがダウンロードされます。このファイルを展開すると、各ページの画像ファイルが作成されます。

各ファイル形式の特徴

念のため、**各ファイル形式の特徴**について補足しておきます。ダウンロード時に指定するファイル形式は、以下を参考に決定するようにしてください。

■ PDF（印刷）

最終的に印刷物としてデザインを利用するときは、このファイル形式を指定するのが基本です。PDF形式のファイルは「Acrobat Reader」などのアプリで閲覧、印刷できます。

印刷用の設定

※詳しくはP108〜109で解説

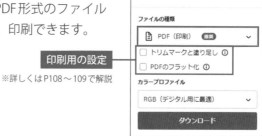

■ PDF（標準）

こちらもPDF形式のファイルになりますが、PDF（印刷）よりもファイル容量が小さくなるのがメリットといえます。その反面、写真の品質が少し劣化する場合があります。デザインを印刷して利用するのではなく、Webなどで配布する場合に向いています。

「Acrobat Reader」でPDF形式のファイルの閲覧した様子

■ JPG

デザインを**画像ファイル**としてダウンロードします。画像編集アプリで閲覧したり、サイズ変更などの編集作業を行ったりすることが可能です。ファイル容量は小さめですが、写真や小さな文字が若干、劣化してしまう恐れがあります。デザインをWebやSNSに掲載する場合に選択します。

※「サイズ」と「品質」は、Pro版にアップグレードすると指定できるようになります。

■ PNG

デザインを**画像ファイル**としてダウンロードします。JPGよりもファイル容量は大きくなりますが、画質が劣化しないのがメリットとなります。画像編集アプリを使って、自宅のプリンターで印刷するときに最適なファイル形式です。

※「サイズ」、「背景透過」、「ファイルを圧縮」は、Pro版にアップグレードすると指定できるようになります。

Windowsの「フォト」アプリで画像ファイルを閲覧した様子

デザインにプレミアム画像が含まれている場合

Free版のCanvaを使用している方が**プレミアム画像**が含まれているデザインをダウンロードしようとすると、以下のような画面が表示されます。

この場合は、以下のいずれかの作業を行うとダウンロードを続行できます。

・Pro版にアップグレードする
・プレミアム画像の使用料（コンテンツライセンス）を支払う

Pro版にアップグレードするときは、［**Canva Proの無料トライアル**］ボタンをクリックし、画面の指示に従って決済方法などの設定を進めていきます。

Free版のまま画像の使用料だけを支払うときは ⋯ をクリックし、「**Proコンテンツライセンスを購入**」を選択します。続いて、支払い方法を指定し、［**お支払いとダウンロード**］ボタンをクリックすると、デザインをダウンロードできます。

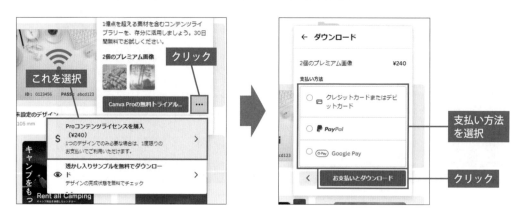

12 デザインの印刷

★★★

Canvaで作成したデザインは、最終的に紙に印刷して利用するケースが多い
と思われます。よって、デザインを印刷する方法も学んでおく必要がありま
す。続いては、デザインの印刷方法について解説します。

デザインの印刷方法

Canvaで作成したデザインを印刷する方法は、大きく分けて以下の4つに分類できます。

- （A）**Canva**に印刷を依頼する
- （B）**印刷業者**に印刷を依頼する
- （C）**プリンター**で印刷する
- （D）**コンビニのコピー機**で印刷する

（A）の場合は**デザインの編集画面**からそのまま印刷を依頼できるため、事前準備は特に
必要ありません。一方、（B）〜（D）の場合は、あらかじめ**デザインをダウンロード**してお
き、そのファイルを使って業者に印刷を依頼する、もしくは自分で印刷する、という流れ
になります。

Canvaに印刷を依頼する場合

最も手軽にデザインを印刷できるのは「Canvaに印刷を依頼する方法」です。Canvaに
印刷を依頼するときは、以下のように操作を進めていきます。

1 デザインの編集画面を開きます。続いて、「○○○を印刷」をクリックし、「印刷を依頼
する画面」を表示します。

2 印刷結果のイメージが表示されます。⤢をクリックしてイメージを拡大表示することも可能です。

3 印刷イメージを確認できたら、印刷するページ（表面／裏面）を指定し、サイズを選択します。
※名刺のようにサイズが固定されている場合は「サイズ」の項目は表示されません。

4 続いて、用紙の種類、仕上げ、数量（枚数）を指定します。

5 デザインにプレミアム画像が含まれていた場合は、その使用料が表示されます^{（※1）}。
「小計」の項目で印刷料金を確認し、［続行］ボタンをクリックします^{（※2）}。
（※1）Pro版を契約している場合は、プレミアム画像の使用料は発生しません。
（※2）プレミアム画像の使用料は「小計」に含まれていません。

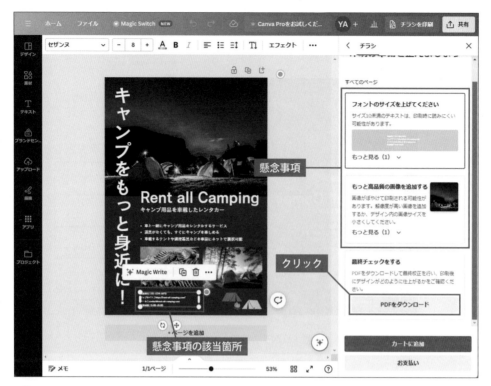

6 印刷するにあたって懸念事項がある場合は、その内容が表示されます。必要に応じてデザインを修正してから［PDFをダウンロード］ボタンをクリックします。

7 確認用のPDFがダウンロードされます。ダウンロードが完了したら、「ダウンロード」フォルダーを開いてPDFのアイコンをダブルクリックします。

プレミアム画像の「透かし」

現時点では、まだ使用料を支払っていないため、「透かし」がある状態でPDFが表示されます。この「透かし」は印刷時に削除される、ということを前提に印刷結果のイメージを確認してください。

8 「Acrobat Reader」などのアプリが起動し、印刷結果のイメージが表示されます。

印刷結果のイメージは**トリムマーク**（トンボ）が付いた状態で表示されます。印刷に詳しくない方は「上下左右に余白がある……」と思うかもしれませんが、実際はそうではありません。トリムマークは**断裁位置**を示したもので、印刷後にトリムマークの位置で用紙が断裁される仕組みになっています。このため、トリムマークのラインを延長した範囲が**実際の仕上がりサイズ**になります。

9 印刷結果のイメージを確認できたら、Webブラウザに戻って［カートに追加］ボタンをクリックします。

10 カートの中身が表示されるので、これを確認してから［お支払い］ボタンをクリックします。

11 配送先の氏名、電話番号、住所を入力します。住所は「手入力で追加する場合」をクリックしてから入力します。その後、[続行]ボタンをクリックします。

12 支払い方法を指定して[注文する]ボタンをクリックします。これで印刷の依頼は完了です。あとは印刷物が届くのを待つだけです。

このように、Canvaはデザインの作成だけでなく、デザインの印刷にも対応しています。印刷料金は少し高めですが、そのぶん手軽に印刷することができます。

印刷業者に印刷を依頼する場合

　Canvaで作成したデザインを印刷業者に印刷してもらうことも可能です。この場合は、PDF（印刷）の形式でデザインをダウンロードし、このPDFを印刷業者に渡す（送信する）ことで印刷を依頼します。

　ただし、印刷業者ごとに対応可能なデータが異なることに注意しなければいけません。このため、事前に印刷業者のWebサイトで**入稿方法**や**データの作成方法**を確認しておく必要があります。以下に主なチェックポイントを紹介しておくので参考にしてください。

ラクスル（https://raksul.com/）

プリントパック（https://www.printpac.co.jp/）

■ トリムマークと塗り足し

　商業用の印刷では、実際のサイズよりも大きい紙に印刷し、それを断裁することによりフチなし印刷を実現しています。この断裁位置を示したものが**トリムマーク**です。また、断裁位置が多少ズレても余白が生じないように、実際のサイズよりも大きく**塗り足し**しておくのが一般的です。

　これらの設定が必要な場合は、「**トリムマークと塗り足し**」をONにした状態でダウンロードを実行します。

「トリムマーク」が追加される

ONにする

「塗り足し」が追加される

■ PDFのフラット化

PDFは複数のレイヤーを保持することが可能となっています。これら複数のレイヤーを1つに統合することをフラット化と呼びます。PDFをフラット化しておくと、すべての素材を確実に印刷できるようになります。よって、この項目はONにしておくのが基本です。

ONにするのが基本

■ RGBとCMYK

パソコンやスマートフォンなどの液晶モニターは、赤（R）、緑（G）、青（B）の輝度を変化させることにより多くの色を再現しています。一方、用紙に印刷するときは、シアン（C）、マゼンタ（M）、イエロー（Y）、黒（K）の濃度を調整することにより多くの色を再現します。

このため、色をCMYKで記録したPDFしか受け付けていない印刷業者もあります。色をCMYKで記録するときは、ダウンロード時のカラープロファイルに「CMYK」を選択します。ただし、この指定を行えるのは**Pro版のCanva**を契約している方だけです。Free版の方は「CMYK」を選択できないことに注意してください。

※ 色をRGBで記録したPDFを受け付けてくれる印刷業者も沢山あります。この場合、印刷業者が「RGBをCMYKに変換する作業」を行ってくれることになります。

カラープロファイルの指定

プリンターで印刷する場合

　自宅や店舗に**プリンターがある場合**は、そのプリンターを使ってデザインを印刷することも可能です。この場合は、ダウンロードしたファイルを「Acrobat Reader」や「画像編集アプリ」などに読み込んで印刷します。

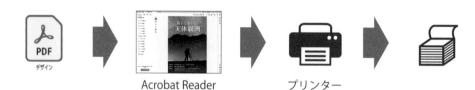

Acrobat Reader　　　プリンター

　この方法の利点は少ないコストで印刷を実行できることです。店頭や店内に貼るポスター、POPなどを1枚〜数十枚ほど印刷したいときに最適な印刷方法といえます。ただし、Canvaや印刷業者と比べると印刷品質は落ちます。

　プリンターを使って100枚以上の印刷を行うことも不可能ではありませんが、用紙代やインク代、作業にかかる人件費などを考慮すると、コスト的なメリットは小さくなってしまいます。状況によっては、Canvaや印刷業者に依頼した方が効率的かもしれません。

コンビニのコピー機で印刷する場合

　「プリンターを所有していない」または「A3サイズで印刷したい」といった場合は、コンビニにあるコピー機を使って印刷する方法もあります。この場合は、**PDF（印刷）**の形式でダウンロードしたファイルを**USBメモリー**に保存（コピー）し、このUSBメモリーをコピー機にセットして印刷を実行するのが一般的です。

USBメモリー　　　コンビニ（コピー機）

　カラー印刷する場合の料金は、B5／A4／B4サイズで1枚50円、A3サイズで1枚80円となっている場合が多く、少部数の印刷に向いています。部数が多いときはCanvaや印刷業者に依頼した方が低コストで済むケースもあります。

　また、コンビニのコピー機は**フチなし印刷ができない**ことも考慮しておく必要があります。実サイズより大きい用紙にトリムマーク付きで印刷して、それを自分でカットする方法もありますが、手間を考えると"数十枚程度まで"が現実的な話かもしれません。それ以上の部数になる場合は、Canvaや印刷業者に依頼した方が効率的です。

第3章

デザイン作成のポイント

● ● ● ● ●

第3章では、名刺やチラシ、ポスターなどのデザイン
を作成するときのポイントを簡単に紹介しておきます。
Free 版でも利用できるテンプレートの例も紹介してお
くので、デザインを作成するときの参考にしてください。

13 名刺・ショップカード

★★☆

まずは、名刺を作成するときのポイントと注意点について紹介していきます。店舗の情報を記したショップカードも「名刺（横）」の分類から作成することが可能です。

名刺・ショップカードの作成ポイント

名刺は個人（会社）の氏名、住所、電話番号、メールアドレスなどの連絡先を伝えるツール、ショップカードは店舗の住所や電話番号、SNS、URLなどを伝えるPRツールとして広く利用されています。いずれも91×55mmのサイズになるのが一般的です。このサイズのデザインを作成するときは「名刺（横）」を選択してデザインの作成を開始します。

名刺（横）

名刺

ショップカード

名刺やショップカードは"文字"が主体になるため、好きなテンプレートを選択して、文字を書き換えていくだけでデザインを作成できるケースが多いといえます。このため、初心者の方でも実践しやすいカテゴリーです。全体的な雰囲気を踏まえたうえで、必要な情報（URLやSNSなど）の記載欄があるテンプレートを選択するとよいでしょう。そのほか、オリジナル画像（P124〜129）を使って会社や店舗のロゴを配置したり、QRコード（P153〜154）を配置したりすることも可能です。

欧米サイズの名刺

P34〜P36で紹介した方法でテンプレートを検索すると、欧米サイズの名刺が表示される場合もあります。欧米（主にアメリカ）の名刺は3.5×2インチ（約89×51mm）が主流で、日本の名刺とは微妙にサイズが異なります。キーワードでテンプレートを検索するときは注意するようにしてください。

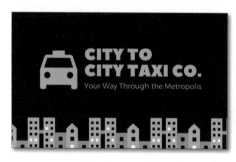

14 ★★★ チラシ・ポスター

商品やサービス、イベント、キャンペーンなどを告知するツールとしてチラシやポスターを作成する機会もあると思います。続いては、チラシ・ポスターを作成するときのポイントとテンプレートの例を紹介します。

チラシ・ポスターの作成ポイント

Canvaのホーム画面で「**チラシ**」を選択した場合は**A4サイズ**、「**ポスター**」を選択した場合は**A2サイズ**でデザインの作成が開始されます。いずれもA版の用紙サイズで縦横の比率は同じになるため、印刷時に縮小（または拡大）するこ

とが可能です。ただし、「本来の用紙サイズは異なる」ということを忘れないようにしてください。

※拡大印刷したときの画質は写真の解像度に依存します。
※Canvaに印刷を依頼する場合、「チラシ」はA4／A5、「ポスター」はA1／A2／A3の仕上がりサイズを選択できます。

チラシ

ポスター

実際にデザインを作成するときは、サイズだけでなく、**素材の密度**にも配慮する必要があります。チラシは各自の手元に残るため、伝えたい内容を「写真」と「文章」で詳しく説明できます。一方、店頭や店内に貼るポスターは、遠くからでも視認できる"大きな文字"または"インパクトのある写真"で勝負しなければいけません。そのぶん、伝えられる情報量は少なくなります。**QRコード**を掲載して詳細はWebで伝える、というのも効果的な手法になります。

3 デザイン作成のポイント

15 ★★★ ポストカード

割引クーポンやキャンペーンなどの告知をDM（ダイレクトメール）として郵送するときは、ポストカードのサイズでデザインを作成します。続いては、ポストカードを作成するときのポイントを紹介します。

ポストカードの作成ポイント

Canvaのホーム画面で「**ポストカード**」を選択すると、サイズが148×105mm（A6）のデザインが作成できます。このサイズは定形郵便の「はがき」に該当するため、1通あたり63円で郵送することが可能です。割引クーポンやキャンペーンを告知するDM（ダイレクトメール）を作成する場合などに活用できるでしょう。

ポストカード

表面

裏面

そのほか、「はがきサイズのPRツール」として店頭に並べておく、といった用途にもポストカードが活用できます。いずれの場合も「文字の編集」と「画像の編集」ができれば、ある程度のカスタマイズに対応できます。**裏面の有無は用途にあわせて選択するように**してください。DMとして郵送する場合は「裏面なし」のデザインでも構いません。

なお、市販されている「はがき」サイズのインクジェット用紙は148×100mmのものが多く、Canvaのポストカードとは微妙にサイズが異なります。このため、プリンターを使って自分で印刷するときは「**A6**」サイズの用紙を準備しておくか、もしくは**148×100mmのカスタムサイズ**（P037〜038参照）でデザインを作成しておく必要があります。

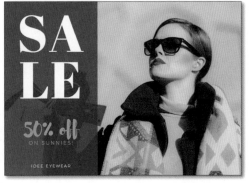

3

デザイン作成のポイント

16 ★★★ 正方形のデザイン

あらかじめ用意されているサイズではなく、自分で「幅」と「高さ」を指定してデザインを作成していくことも可能です。ここでは参考として、「正方形サイズ」のテンプレートをいくつか紹介しておきます。

正方形サイズのデザイン作成

P037〜038に示した方法で**カスタムサイズ**のデザインを作成しても構いません。特に「幅」と「高さ」に同じサイズを指定した**正方形のデザイン**は、テンプレートの数が多く、POPなどの作成に活用できます。以下に、テンプレートの一例を紹介しておくので参考にしてください。

17 SNS用のデザイン

★★★

SNSに投稿する画像のデザインを作成する機能も用意されています。これらのデザインも本書の第2章で解説した手順で自由に編集できます。SNSを利用している方は試してみてください。

SNS用の画像の作成

店舗や商品のPRにInstagramやFacebookなどのSNSを利用している方も沢山いるでしょう。こういったSNSに投稿する際に使える、アイキャッチ用の画像をCanvaで作成することも可能です。SNS用の画像を作成するときは、以下のように操作してデザインの作成を開始し、最終的にJPG画像としてデザインをダウンロードします。

また、P037〜038に示した方法でカスタムサイズとして作成する方法もあります。この場合は「幅」と「高さ」をピクセル（px）で指定します。

■ Instagram 投稿（正方形）のテンプレート

■ Facebookの投稿（横）のテンプレート

第**4**章

デザインの幅を広げる編集機能

● ● ● ● ● ●

第4章では、オリジナル画像の活用、画像の加工、フレームやグリッドの利用方法、QRコードの作成、AIアプリの使い方など、デザインを作成する際に覚えておくと役に立つ機能を紹介していきます。

18 オリジナル画像の活用

★★★

商品や料理の写真など、「自分で撮影した写真」または「カメラマンに撮影してもらった写真」を使ってデザインを作成することも可能です。ここでは、オリジナル画像を使用するときの操作手順を解説します。

自分で用意した画像のアップロード

Canvaに用意されている素材ではなく、**自分で用意した画像**（写真やロゴなど）を使用したいときは、その画像を事前に**アップロード**しておく必要があります。画像をCanvaにアップロードするときは、以下のように操作します。

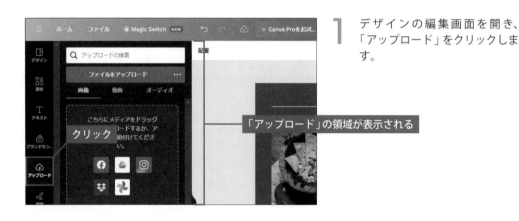

1 デザインの編集画面を開き、「アップロード」をクリックします。

「アップロード」の領域が表示される

2 Canvaで使用する画像を「アップロード」の領域内にドラッグ＆ドロップします。

3 数秒ほど待つとアップロードが完了し、画像が「アップロード」の画面に表示されます。同様の手順を繰り返して、必要な数だけ画像をアップロードします。

> **画像の一括アップロード**
>
> 複数の画像をまとめてアップロードするときは、画像を同時選択した状態でドラッグ＆ドロップの操作を行います。

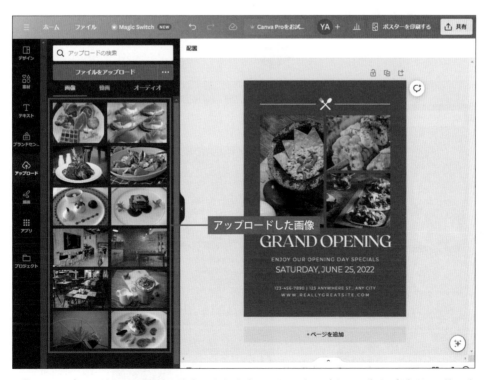

4 アップロードした画像が一覧表示されます。これでオリジナル画像をデザインに使用する準備が整いました。

アップロードした画像の掲載方法

　アップロードした画像をデザインに掲載するときの操作手順は、Canvaの素材を利用するときと同じです。「アップロード」をクリックし、好きな画像をドラッグ＆ドロップして写真を差し替えます。

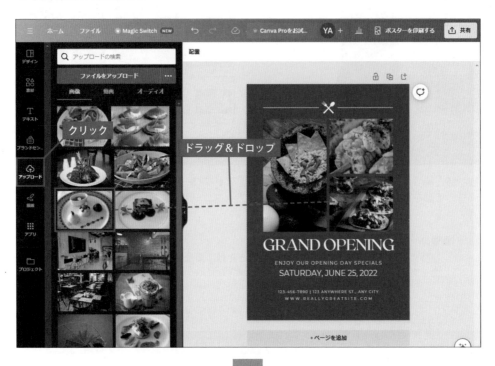

同様の手順で他の写真も差し替えて、デザインの編集作業を続けていきます。なお、今回の例は写真がグリッドに配置されているため、P068～071に示した操作手順で写真の配置を調整しています。

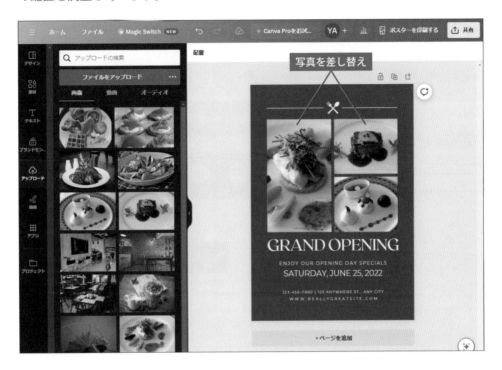

　もちろん、写真の差し替えではなく、新たに**写真を追加**することも可能です。この場合は、「アップロード」の一覧にある画像を**クリック**します。

アップロードした画像の管理

　Canvaにアップロードした画像を管理する方法についても簡単に紹介しておきましょう。アップロードした画像を管理するときは、Canvaのホーム画面で「**プロジェクト**」を選択します。

　続いて、「プロジェクト」の画面を**下へスクロール**していくと、アップロードした画像が一覧表示されているのを確認できます。

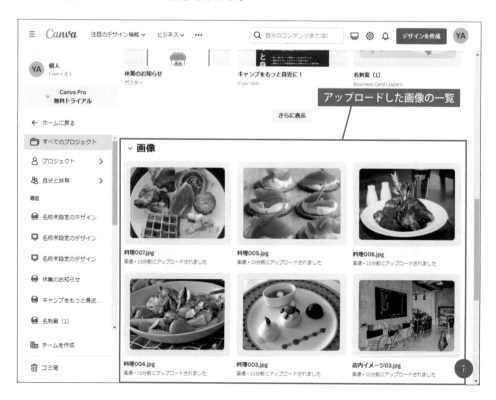

この画面で各画像の**ファイル名**の部分
をクリックすると、その画像の名前を変
更できます。

ここをクリックして
ファイル名を変更

不要になった**画像を削除**するときは、
削除する画像の上にマウスを移動して **⋯**
をクリックし、「**ゴミ箱へ移動**」を選択し
ます。

画像を削除する場合

クリック

なお、ゴミ箱へ移動してから30日以内であれば、その**画像を復元**することも可能です。
削除した画像を復元するときは、以下のように操作します。

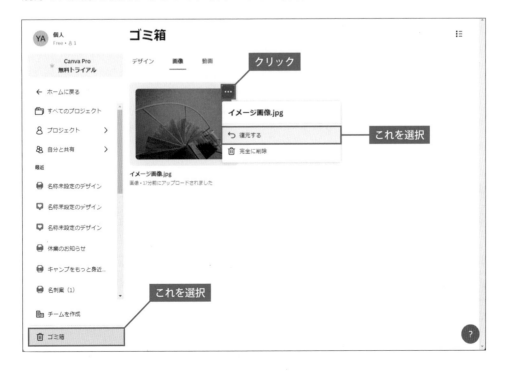

19 画像の加工

★★☆

デザイン上に配置した画像を「フィルター」や「エフェクト」で加工したり、イラストの色を変更したりすることも可能です。続いては、Canvaに用意されている画像の加工機能を紹介します。

画像の反転

デザイン上に配置した写真をクリックして選択すると、以下の図のようなツールバーが表示されます。ここにある「**反転**」は、写真を水平または垂直に反転させるときに利用します。同様の手順でイラストを反転させることも可能です。

水平に反転

垂直に反転

写真を選択した後に「**写真を編集**」をクリックすると、以下のような画面が表示され、写真を加工できるようになります。

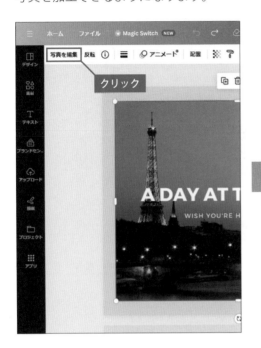
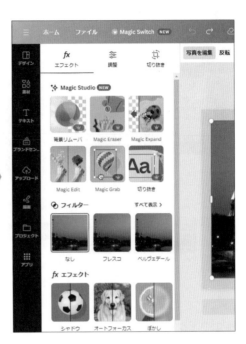

一番上に表示されている「**Magic Studio**」は、AIを使って画像を加工できる機能です。背景を消去した切り抜き写真を作成してくれる「背景リムーバ」、余計な人物や物体を削除してくれる「Magic Eraser」など、最先端のAIを使った画像編集機能が提供されていますが、これらは**Pro版を契約している方だけ**が利用できる機能となります。

なお、お試し用として「**Magic Edit**」という機能のみFree版の方にも開放されています。この機能を使うと、「髪を金色に変更する」、「服をスーツに変更する」のように文章で写真を加工できるようになります。使いこなすのに多少の慣れが必要ですが、気になる方は試してみるとよいでしょう。

Free版の方でも利用できる加工機能は「**フィルター**」や「**エフェクト**」です。簡単に紹介しておきましょう。

■フィルター

写真をアンティーク調にする（アンティーク）、霧の風景に加工する（ミスト）、極寒の風景に加工する（ツンドラ）など、写真全体の雰囲気を変更できる機能です。「**すべて表示**」をクリックすると、用意されているフィルターを確認できます。

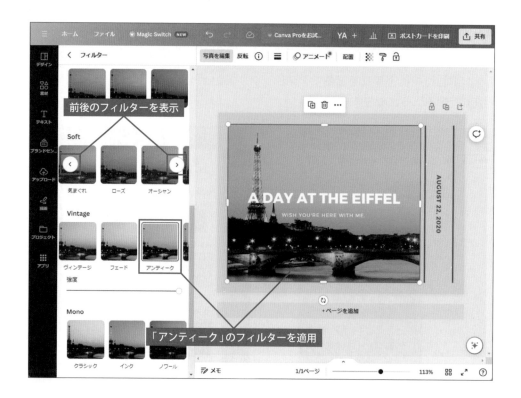

■エフェクト

　周囲に影を付ける「シャドウ」、焦点でない部分をぼかす「オートフォーカス」、写真全体をぼかす「ぼかし」、2色スケールに加工する「ダブルトーン」といった4つの機能が用意されています。

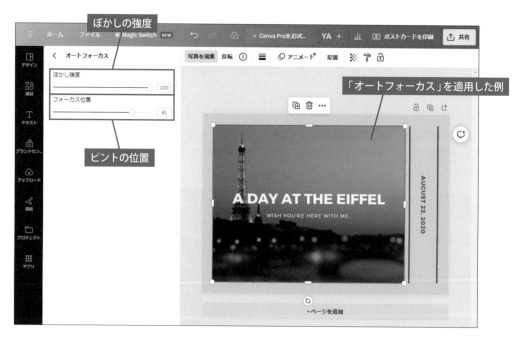

■ 調整

　「調整」をクリックすると、写真の色調や明るさ、コントラストなどを調整できるようになります。暗い写真を明るくする、色かぶりを補正する、といった場合に活用できます。

■ 切り抜き

　「切り抜き」の項目を選択すると、四隅にポインターが表示され、写真の一部分だけを切り抜いて掲載できるようになります。「1:1」や「16:9」のように縦横の比率を固定して写真を切り抜くことも可能です。

イラストの色のカスタマイズ

「素材」→「グラフィック」で配置した**イラストの色**をカスタマイズすることも可能です。イラストの色は、以下のように操作すると変更できます。

1 イラストをクリックして選択すると、使用されている色がツールバーに一覧表示されます。この中から変更する色をクリックします。

色を変更できないイラスト

　ツールバーに「使用されている色」の一覧が表示されない場合は、イラストがラスター画像として作成されているため、色の変更はできません。

2 色の指定画面が表示されるので「変更後の色」を指定します。すると、その色がイラストに反映されます。

　同様の手順で、テンプレートに初めから配置されているイラストの色を変更することも可能です。

20 フレームの活用
★★☆

フレームは、写真を「円形」に切り抜いたり、「切手」のような枠を付けたりできる機能です。写真をユニークな形で掲載したいときに活用できるので、ぜひ使い方を覚えておいてください。

フレームの使い方

フレームを使って写真を掲載するときは、以下のように操作します。

1 デザインの編集画面を開き、「素材」をクリックします。続いて、「フレーム」の分類にある「すべて表示」をクリックします。

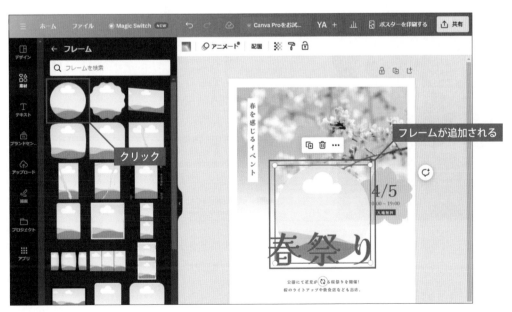

2 フレームが一覧表示されるので、好きな形状をクリックします。すると、そのフレームがデザインに追加されます。

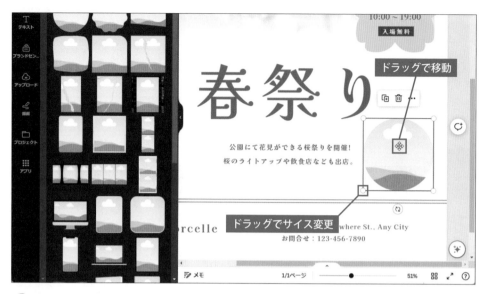

3 ドラッグ操作により、フレームのサイズと位置を調整します。

4 好きな写真を検索し、掲載する写真をフレームの上にドラッグ＆ドロップします。

オリジナル画像の掲載

Canvaにアップロードした画像をフレーム内に挿入することも可能です。この場合は「アップロード」にある写真をフレームの上にドラッグ＆ドロップします。

5 フレーム内に写真を挿入できたら、次は「写真の位置」を調整します。写真をダブルクリックします。

6 フレーム内の表示が最適になるように、写真のサイズと位置を調整します。配置を調整できたら[完了]ボタンをクリックします。

フレーム内に配置した写真

7 以上で、フレームを使った写真の配置は完了です。

フレームの削除

　念のため、フレームの削除について補足しておきます。🗑をクリックして「**画像を削除**」を選択すると、フレームを残したまま写真だけを削除できます。「**フレームを削除**」を選択した場合は、写真だけでなく、フレームも一緒に削除されます。

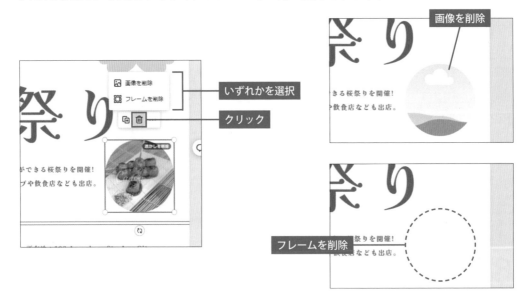

いずれかを選択

クリック

画像を削除

フレームを削除

21

★★☆

グリッドの活用

グリッドは、複数の写真をタイル状に掲載できる機能です。白紙の状態から
デザインを作成したり、テンプレートに用意されている写真の枚数を変更し
たりするときに活用できるので、使い方を覚えておいてください。

グリッドの使い方

白紙のデザインにグリッドを設置して、オリジナルのデザインを作成していくことも
可能です。この場合は、以下のように操作します。

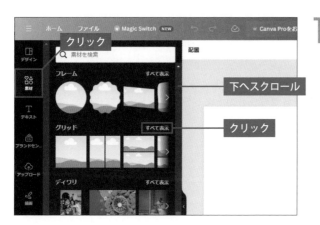

1 デザインの編集画面（白紙の状態）
を開き、「素材」をクリックします。
続いて、「グリッド」の分類にある
「すべて表示」をクリックします。

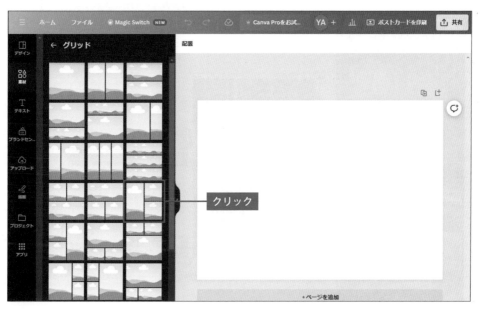

2 グリッドが一覧表示されるので、好きなレイアウトをクリックします。

3 用紙全体にグリッドが配置されます。続いて、各グリッドに写真を挿入していきます。
好きな写真を検索し、掲載する写真を各グリッドの上にドラッグ＆ドロップします。

オリジナル画像の掲載

Canvaにアップロードした画像を各グリッドに挿入することも可能です。この場合は「アップロード」にある写真を各グリッドの上にドラッグ＆ドロップします。

4 グリッド内に写真を挿入できたら、次は「写真の位置」を調整します。写真をダブルクリックします。

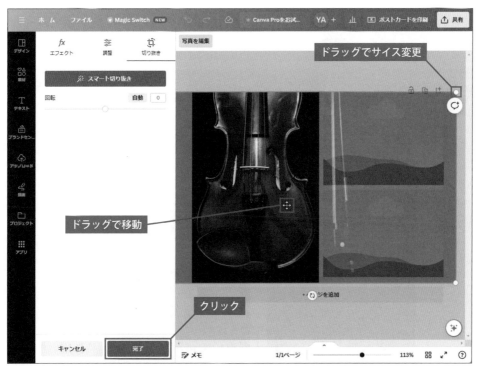

5 グリッド内の表示が最適になるように、写真のサイズと位置を調整します。配置を調整できたら［完了］ボタンをクリックします。

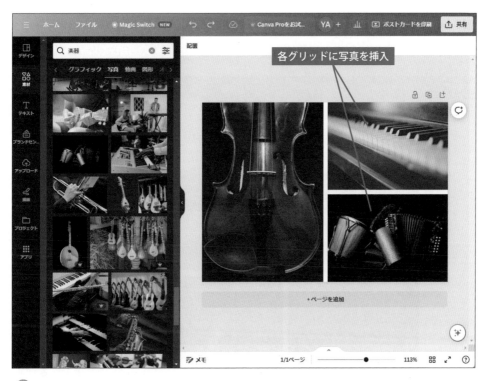

6 同様の手順で他のグリッドにも写真を挿入し、配置を調整します。

グリッドには写真と写真の間隔を調整する機能も用意されています。この場合は、いずれかのグリッドを選択し、「間隔」をクリックします。

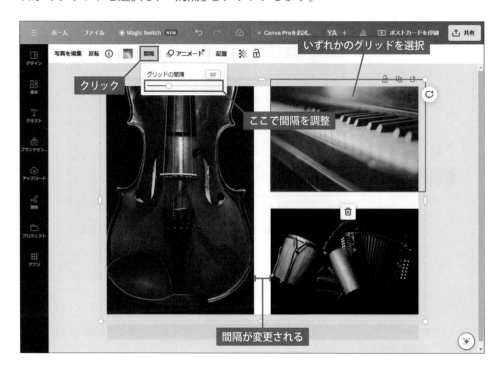

そのほか、グリッド全体のサイズを小さくして、文字などを配置するスペースを設けることも可能です。このようにグリッドを使って写真を配置していくと、デザインの基幹となる部分を手軽に作成できます。気なる方は、ぜひ挑戦してみてください。

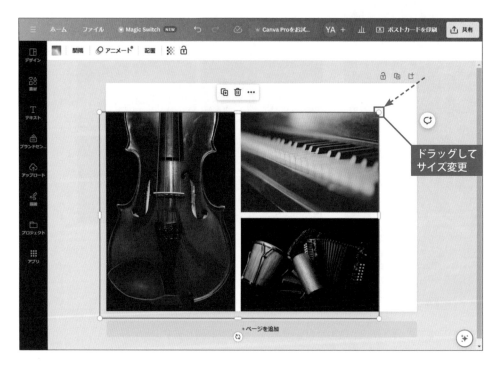

グリッドの削除

　念のため、グリッドの削除についても補足しておきます。🗑をクリックして「画像を削除」を選択すると、グリッドを残したまま写真だけを削除できます。「**グリッドを削除**」を選択した場合は、グリッド全体が削除されます。

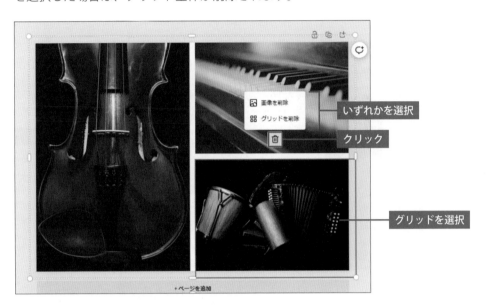

いずれかを選択

クリック

グリッドを選択

画像を削除

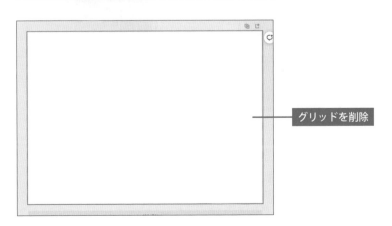

グリッドを削除

グリッドを色で塗りつぶす

　グリッドを色で塗りつぶすことも可能です。この方法は、グリッドの一部を「文字を配置するスペース」として利用する場合などに活用できます。

1　色で塗りつぶすグリッドを選択し、「カラー」のアイコンをクリックします。

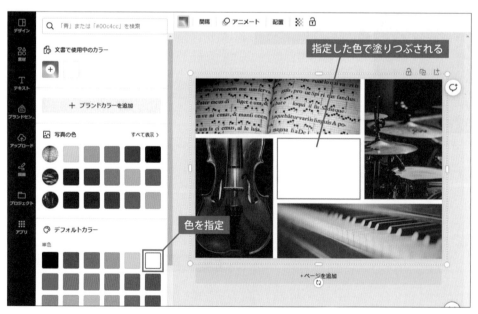

2　色の指定画面が表示されるので、好きな色を指定します。「背景と同じ色」を指定すると、その部分を余白スペースとして扱えるようになります。
　※グリッドが見えなくなるだけで、削除された訳ではありません。

グリッドの差し替え

　写真の配置にグリッドが使用されているテンプレートも沢山あります。この場合、グリッドと同じ数だけ写真を掲載する必要があります。とはいえ、「もっと多くの写真を掲載したい……」、もしくは「写真の数が多すぎる……」といったケースもあるでしょう。

　このような場合は、**グリッドを差し替える**ことにより**写真の枚数**を変更します。たとえば、写真の数を「8枚」→「5枚」に変更するときは、以下のように操作します。

1　「素材」からグリッドの一覧を表示し、「写真が5枚のレイアウト」の中から好きなグリッドをクリックします。

2　新たにグリッドが配置されます。このグリッドのサイズを「初めから配置されていたグリッド」と同じサイズに変更します。

3 「配置」をクリックして「レイヤー」を表示します。続いて、「初めから配置されていたグリッド」を選択し、🗑をクリックします。

4 「初めから配置されていたグリッド」が削除され、「新たに配置したグリッド」だけが残ります。このグリッドに写真を挿入していくと、写真が5枚のデザインを作成できます。

22

★★★

素材の整列、グループ化、ロック

「素材の配置」に関連する機能の使い方も覚えておくと便利です。続いては、素材を整列させる、重なり順を変更する、グループ化して1つの素材として扱う、ロックして編集不可にする、といった操作について解説します。

素材の整列

素材をきれいに並べて配置したいときは、「整列」を使って以下のように操作すると作業をスムーズに進められます。

1 ［Shift］キーを押しながら素材をクリックしていき、複数の素材を同時に選択します。続いて、「配置」をクリックします。

2 このような画面が表示されるので整列方法を指定します。すると、選択していた素材を「指定した整列方法」で揃えて配置できます。

4

デザインの幅を広げる編集機能

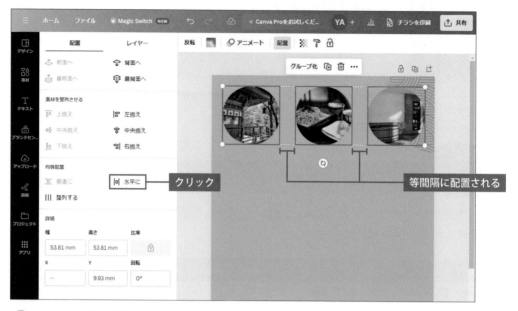

クリック

等間隔に配置される

3 さらに、素材を等間隔に配置することも可能です。この場合は「均等配置」にあるコマンドを利用します。

状況に応じた自動整列

「整列する」をクリックすると、状況に応じて素材が自動的に整列されます。「中央揃え」で「等間隔」に配置したい場合などに活用してください。

そのほか、用紙の左上を原点として、素材の**サイズや位置を数値で指定する**方法も用意されています。この場合は、素材を1つだけ選択した状態で「幅」、「高さ」、「X」、「Y」の数値を入力します。

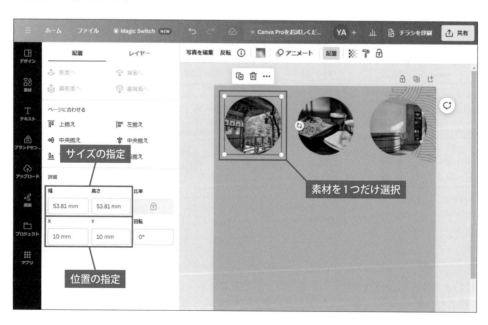

サイズの指定

素材を1つだけ選択

位置の指定

重なり順の指定

「配置」の画面で素材の重なり順を変更することも可能です。思い通りの順番に重なっていない場合は、「前面へ」または「背面へ」などをクリックすると、素材の重なり順を変更できます。

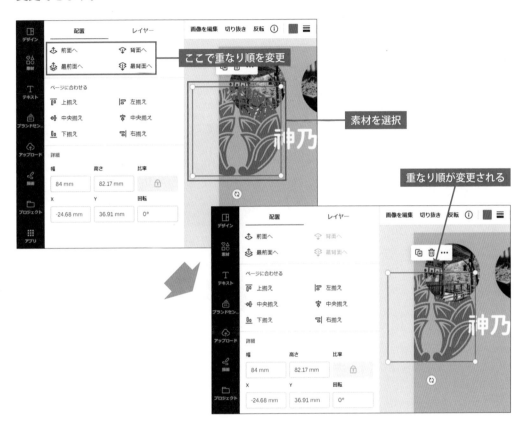

また、「レイヤー」を使って「素材の重なり順」を変更する方法も用意されています。この場合は、各素材を上下にドラッグして重なり順を変更します。

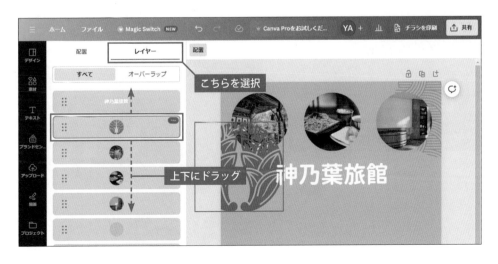

写真の上に写真を重ねて配置

　フレームやグリッドに挿入されている写真の上に「別の写真」をドラッグ＆ドロップすると、**写真の差し替え**が行われます。

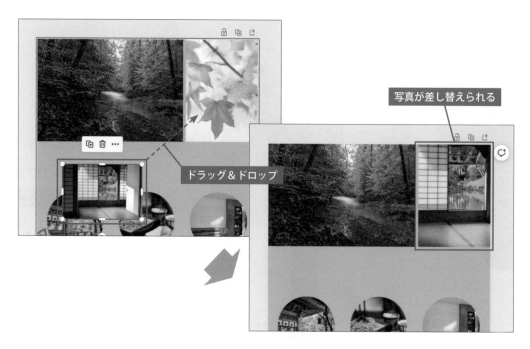

写真が差し替えられる

ドラッグ＆ドロップ

　とはいえ、写真を差し替えるのではなく、写真の上に重ねて配置したい場合もあるでしょう。このような場合は［**Ctrl**］**キーを押しながらドラッグ**すると、写真の上に写真を移動できます。

写真の位置が移動される
（差し替えられない）

［Ctrl］キーを押しながら
ドラッグ＆ドロップ

素材のグループ化

　複数の素材を**グループ化**して「1つの素材」として扱うことも可能です。素材をグループ化するときは、以下のように操作します。

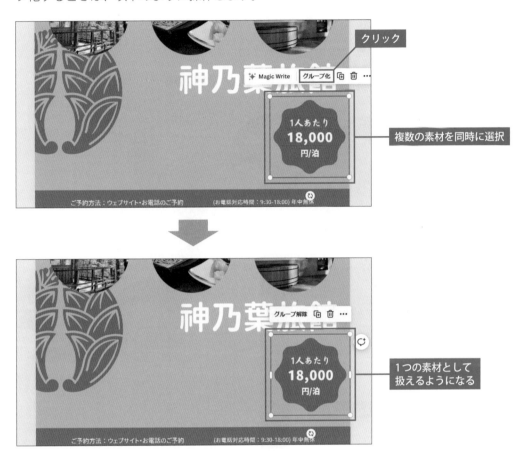

　なお、グループ化した素材を「複数の素材」に戻したいときは、「**グループ解除**」をクリックします。

素材のロック

　素材を**ロック**する機能も用意されています。ロックした素材は**編集不可**として扱われるため、**サイズや位置を変更できなくなる**、**文字や書式を変更できなくなる**、**写真の差し替え、加工を行えなくなる**、という状態になります。

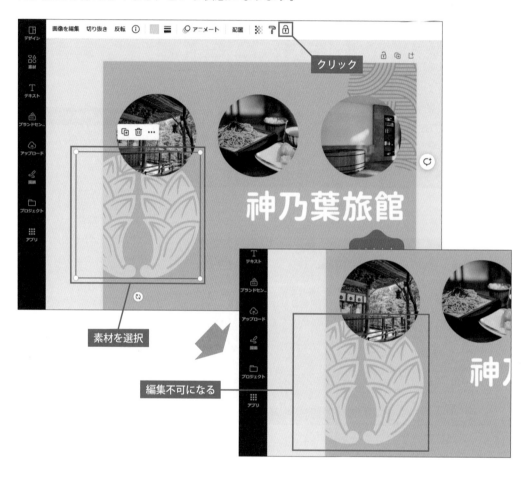

　素材をロックしておくと、間違って素材を移動してしまう、誤って削除してしまう、などの操作ミスがなくなり、安心して編集作業を進められるようになります。

　なお、ロックを解除して編集可能な状態に戻すときは、その素材を選択した状態で🔒のアイコンをクリックします。

23 QRコードの作成

★★★

Canvaにさまざまな機能を追加できる「アプリ」も用意されています。この「アプリ」を使ってQRコードを作成することも可能です。詳細をホームページで伝えたい場合などに活用してください。

QRコードの作成と配置

Canvaに用意されている「アプリ」を使ってQRコードを作成するときは、以下のように操作します。

1 デザインの編集画面を開き、「アプリ」をクリックします。続いて、検索欄に「QR」と入力して[Enter]キーを押します。

2 検索結果が一覧表示されます。この中にある「QRコード」のアプリをクリックします。

3 アプリの説明が表示されます。[開く]ボタンをクリックして、Canvaに「QRコード」のアプリを追加します。

4 QRコードの作成画面が表示されます。QRコードが読み取られたときに表示するページのURLを入力し、[コードを生成]ボタンをクリックします。

5 QRコードが素材として追加されます。この素材のサイズと位置を調整すると、デザインにQRコードを掲載できます。

追加したアプリ

　アプリを追加すると、そのアイコンが画面左端のメニューに追加されます。以降は、このアイコンをクリックしてアプリを起動することも可能です。

24 ★★★ AIを使った画像、文章の生成

AIを使って画像や文章、デザインを自動生成する機能も用意されています。その大半はPro版向けの機能となりますが、一部、Free版でも試用することが可能です。続いては、画像や文章を自動生成する方法を紹介します。

Magic Mediaを使った画像の生成

「Magic Media」というアプリを使用すると、AIを使って好きな**画像を自動生成**できます。適切な写真素材が見つからなかった場合に試してみるとよいでしょう。Pro版向けのアプリですが、Free版の方でも**50回**まで試用することが可能です。

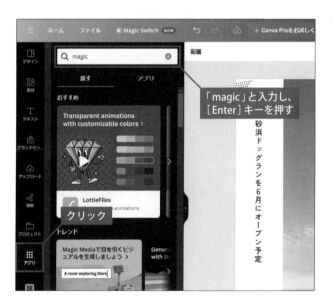

1 デザインの編集画面を開き、「アプリ」をクリックします。続いて、検索欄に「magic」と入力して［Enter］キーを押します。

2 検索結果が一覧表示されます。この中にある「Magic Media」のアプリをクリックします。

3 アプリの説明が表示されます。[開く]ボタンをクリックして、Canvaに「Magic Media」
のアプリを追加します。

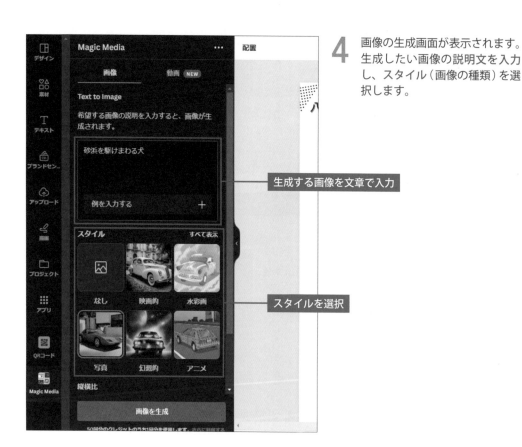

4 画像の生成画面が表示されます。生成したい画像の説明文を入力し、スタイル（画像の種類）を選択します。

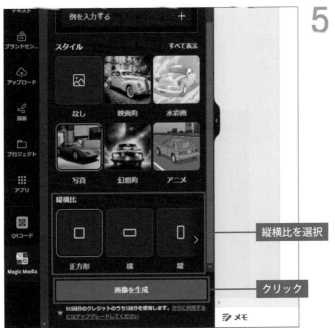

5 続いて、画像の縦横比を選択し、[画像を生成] ボタンをクリックします。

縦横比を選択

クリック

クリック

生成した画像が追加される

別の画像を再生成する場合

6 数十秒ほど待つと4枚の画像が生成されるので、好きな画像をクリックしてデザインに追加します。

　なお、適切な画像が生成されなかった場合は、必要に応じて説明文を修正してから[再生成する] ボタンをクリックします。すると、新たに4枚の画像を生成できます。

生成される画像はそのつど変化するため、「同じ説明文」であっても「同じ画像」が生成されるとは限りません。試しに、「砂浜を駆けまわる犬」で画像を再生成してみると、以下の図（左）のようが画像が生成されました。ちなみに、図（右）は「桜が満開の公園」で生成した画像の一例です。

「砂浜を駆けまわる犬」で再生成

「桜が満開の公園」で生成

生成された画像の使用について
　AIにより自動生成された画像は、その著作権について議論が分かれる部分もあり、技術の進化に法整備が追い付いていないのが現状です。このため、自動生成した画像を広告物に使用する際は、「不適切な使い方になっていないか？」を十分に検証しておく必要があります。

Magic Writeを使った文章の生成

　AIを使って**文章を自動生成**できる「Magic Write」という機能も用意されています。こちらも Pro 版向けの機能となりますが、Free 版の方でも **50回**まで試用することが可能です。文章を考えるのが苦手な方は試してみるとよいでしょう。

1 デザインの編集画面の右下にある ✦ をクリックし、「Magic Write」を選択します。

これを選択

クリック

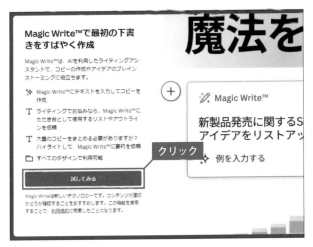

2 「Magic Write」の説明が表示されるので、[試してみる] ボタンをクリックします。

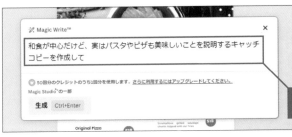

3 このような画面が表示されます。5つ以上の単語を使って「生成したい文章」の説明文を入力し、[Ctrl] + [Enter] キーを押します。

説明文を入力し、[Ctrl] + [Enter] キーを押す

4 自動生成された文章（テキストボックス）がデザインに追加されます。

「生成した文章」が追加される

　ただし、必ずしも適切な文章が生成されるとは限りません。「文章を考えるときのヒントとして利用する」という使い方が中心になると思われます。ゼロから文章を考える場合より効率よく作業を進められるので、気になる方は試してみてください。

Pro版にアップグレードした場合

　Pro版にアップグレードすると、「Magic Media」を毎月550回（画像500回、動画50回）、「Magic Write」を毎月500回まで使用できるようになります。

25 ★★★ ページの追加と削除

表面だけでなく裏面も作成する場合や、同じレイアウトで別バージョンの
デザインを作成してみたい場合は、ページの追加を利用すると便利です。続
いては、ページの追加と削除について解説します。

ページの追加

　裏面も作成する場合など、編集中のデザインに新しいページを追加したい場合もあるで
しょう。このような場合は［＋ページを追加］ボタンをクリックすると、新しいページを
追加できます。

クリック

ページが追加される

ページの複製

　「キャッチコピー」や「写真」を変更するなど、同じレイアウトのまま別バージョンのデザインを作成してみたい場合もあるでしょう。このような場合は**ページの複製**を活用すると便利です。ページを複製するときは、そのページの右上にある[　]をクリックします。

　これで「現在のデザイン」を維持したまま、2ページで目で「別バージョンのデザイン」を試してみることが可能となります。

ページのロック

　P152で解説した「素材のロック」と同様に、**ページ全体をロック**して編集不可の状態にする機能も用意されています。ページをロックするときは、そのページの右上にある🔒をクリックします。なお、ロックを解除して編集可能な状態に戻すときは🔒をクリックします。

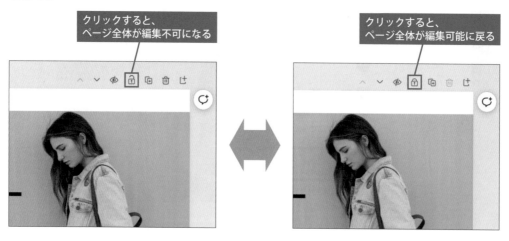

クリックすると、
ページ全体が編集不可になる

クリックすると、
ページ全体が編集可能に戻る

ページの削除

　不要になったページを削除するときは、そのページの右上にある🗑をクリックします。このとき、確認画面は表示されず、即座にページが削除されることに注意してください。誤って削除してしまったページを復元したいときは、ページを削除した直後に↩をクリックするか、もしくは [Ctrl] + [Z] キーを押して「元に戻す」の操作を実行します。

セール！

見逃さないで！全て50%オフ！

クリックすると、
ページが削除される

2ページ・ページタイトルを追加

#ロライフスタイル
センター

BLACK

FRIDAY

第**5**章

覚えておくと便利な機能

● ● ● ● ●

第5章では、ショートカットキーで操作する方法、画面表示の設定、データをフォルダーに分類する方法、アカウント管理など、Canvaを使用する際に覚えておくと便利な機能をいくつか紹介しておきます。

26 ショートカットキー

★★★

Canvaには多くのショートカットキーが用意されています。よく使う操作の
ショートカットキーを覚えておけば、マウス操作よりもスムーズに作業を
進められるようになり、それだけ効率よくデザインを作成できます。

基本的なショートカット

Ctrl + Z ──────────── 元に戻す（直前の操作の取り消し）
Ctrl + Y ──────────── やり直す（取り消した操作の再実行）

Ctrl + + ──────────── 画面表示の拡大
Ctrl + - ──────────── 画面表示の縮小
Ctrl + 0 ──────────── 表示倍率を100%にする
Alt + Ctrl + 0 ──────── 用紙全体が収まる表示倍率に自動調整
Ctrl + Shift + 0 ─────── 用紙の幅に合わせて表示倍率を自動調整

Alt + Ctrl + 1 ──────── 複数ページをスクロールで表示
Alt + Ctrl + 2 ──────── 複数ページをサムネイルで切り替え
Alt + Ctrl + 3 ──────── グリッドビューに切り替え
Alt + Ctrl + P ──────── 全画面表示に切り替え

Shift + R ──────────── 定規（ルーラー）の表示／非表示
Ctrl + / ──────────── サイドバーの表示／非表示
Ctrl + E（または /）───── Canvaアシスタントの表示

Ctrl + A ───────── すべての素材を選択   Ctrl + S ─────────── デザインの保存[※]
Tab ──────────── 次の素材を選択   Ctrl + F ─────────── 検索と置換を開く
Shift + Tab ─────── 前の素材を選択

デザインの手動保存

編集中のデザインは、CanvaのWebサーバーに自動保存される仕組みになっています。こ
のため、デザインを保存するにあたって特別な操作は必要ありません。万が一、通信障害など
により正しく保存できなかった場合は、［Ctrl］＋［S］キーを押すと手動で保存を実行できま
す。なお、現在の保存状況は、画面上部にある「雲のアイコン」を見ると確認できます。

保存済み　　　　　　　　　　　　　保存中

選択中の素材に対する操作

↑ / ↓ / ← / → ……………………… 位置を少しだけ上下左右に移動
Shift + ↑ / ↓ / ← / → …………… 位置を上下左右に移動

Delete ……………………… 素材の削除
（または Backspace）

Ctrl + G ………………… グループ化
Ctrl + Shift + G ……… グループ化の解除

Alt + Shift + T ………… 素材の整列

Alt + Shift + L ………… 素材のロック

Ctrl +] …………………… 前面へ移動
Ctrl + […………………… 背面へ移動
Alt + Ctrl +] ………… 最前面へ移動
Alt + Ctrl + [………… 最背面へ移動

選択中の文字（段落）に対する操作

Ctrl + Shift + F ………… フォントを開く
Ctrl + B ………………… 太字の指定／解除
Ctrl + I ………………… 斜体の指定／解除
Ctrl + U ………………… 下線の指定／解除
Ctrl + K ………………… リンクの追加

Ctrl + Shift + L ……… 左揃え
Ctrl + Shift + C ……… 中央揃え
Ctrl + Shift + R ……… 右揃え

Ctrl + Shift + , ……… 文字を1pt小さく
Ctrl + Shift + . ……… 文字を1pt大きく

Ctrl + Shift + K ……… 大文字／小文字の切り替え

Alt + Ctrl + , …………… 文字間隔を狭める
Alt + Ctrl + . …………… 文字間隔を広げる

Alt + Ctrl + ↓ …………… 行間隔を狭める
Alt + Ctrl + ↑ …………… 行間隔を広げる
Ctrl + Shift + H ……… 行間の基準（上端）
Ctrl + Shift + M ……… 行間の基準（中央）
Ctrl + Shift + B ……… 行間の基準（下端）

Alt + Ctrl + C …………… 書式をコピー
Alt + Ctrl + V …………… 書式を貼り付け

素材、ページの追加（削除）

T ………………… テキストボックスを追加
R ………………… 「長方形」の図形を追加
C ………………… 「円」の図形を追加
L ………………… 「線」の図形を追加

Ctrl + Enter …………… 新しいページを追加
Ctrl + Backspace ……… 空のページを削除

27 編集画面の表示設定

★★★

デザインの編集画面に「定規」や「ガイド」を表示したり、印刷用の「塗り足し領域」を表示したりすることも可能です。続いては、編集画面に表示する内容を変更する方法を紹介します。

画面表示の設定方法

「ファイル」をクリックして「表示の設定」を選択すると、編集画面に表示する内容を指定できるようになります。

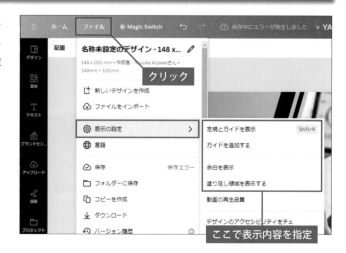

■定規とガイドを表示

この項目をONにすると、編集画面の「上端」と「左端」にmm単位の定規（ルーラー）が表示されます。さらに、定規の部分をドラッグしてガイドを設置することも可能となります。ガイドは、素材を揃える位置を示す目印として活用できます。

■ ガイドを追加する

「12列」や「3×3グリッド」などの配置でガイドを自動的に設置するときに利用します。「カスタム」を選択して、列数や行数、間隔などを自分で指定することも可能です。

ガイドの削除

　設置したガイドを消去するときは、「ファイル」をクリックして「表示の設定」→「ガイドをクリアする」を選択します。

■ 余白を表示

この項目をONにすると、余白部分を示す**点線**が表示されます。業者に印刷を依頼するとき、用紙を断裁する位置がズレてしまうと、端のほうにある素材が欠けてしまう恐れがあります。このようなトラブルを防ぐために「重要な素材を配置する範囲」を点線で示すことができます。

ただし、この点線の外側には「かなり広めの余白」が確保されているため、それほど厳密に気にする必要はありません。断裁位置が3mm以上ズレることは滅多にないため、用紙の端から5mmほど離しておけば、点線の外側であっても問題なく印刷されるのが一般的です。

■ 塗り足し領域を表示する

この項目をONにすると、**塗り足し**の領域が編集画面に表示されるようになります。印刷時に断裁位置が少しズレても用紙の端が白くならないようにするには、用紙の外側に3mm程度の「塗り足し」を確保しておく必要があります。

28 書式指定に役立つ機能

★★★

別の素材と「同じ書式」を指定したいときは、ここで紹介する機能の使い方を覚えておくと、いちいち書式を指定する手間を省くことができます。続いては、「素材の複製」と「スタイルのコピー」について紹介します。

素材の複製

別のテキストボックスに**同じ書式**で文字を掲載したい場合もあるでしょう。このような場合は、**素材の複製**を活用すると効率よく作業を進められます。

素材を複製するときは［**Alt**］**キーを押しながら素材をドラッグ**します。このとき、同時に［**Shift**］キーも押しておくと、垂直または水平方向に素材を複製できます。

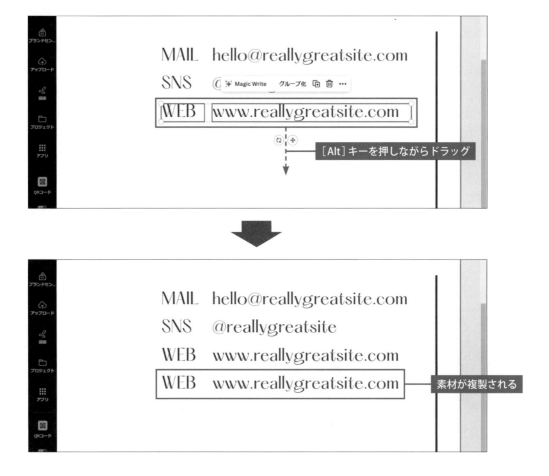

あとは、複製したテキストボックスの文字を書き換えるだけです。これで「同じ書式」で文字を掲載できます。

そのほか、**同じサイズ**で別の写真を掲載したい場合にも「素材の複製」が活用できます。この場合は、複製した写真を差し替えることにより「別の写真」を掲載します。

スタイルのコピー

すでに文字を入力してある場合は、🖌 を使って**書式だけをコピー**することで操作を簡略化することも可能です。書式だけをコピーするときは、以下のように操作します。

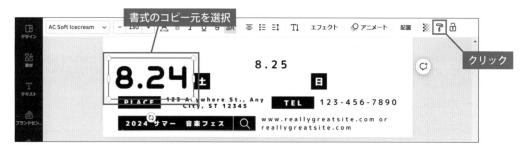

1 書式のコピー元のテキストボックスを選択し、🖌 をクリックします。

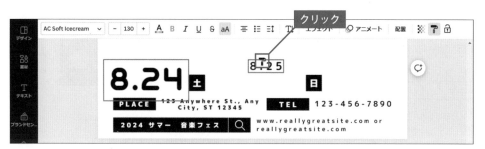

2 マウスポインターの形状が 🖌 に変化するので、書式のコピー先となるテキストボックスをクリックします。

3 書式だけがコピーされ、コピー元と同じ書式が指定されます。

透明度の指定

🖌 の左隣にある 🔲 は、図形や画像、文字といった素材の透明度を変更して半透明にできる機能です。

29 ★★★ ファイルをフォルダーに分類

「作成したデザイン」や「アップロードした画像」をフォルダーに分類して管理することも可能です。ファイルの数が増えてきたときに便利に活用できるので、フォルダーに分類する方法も覚えておいてください。

フォルダーの作成とデザインの分類

　作成したデザインをフォルダーに分類して管理する機能も用意されています。デザインをフォルダーに分類して管理するときは、以下のように操作します。

1 Canvaのホーム画面を開き、「プロジェクト」のメニューを選択します。

2 フォルダーに分類するデザインの … をクリックし、「フォルダーに移動」を選択します。

3 移動先を指定する画面が表示されます。フォルダーを新たに作成するときは、「＋新規作成」をクリックします。

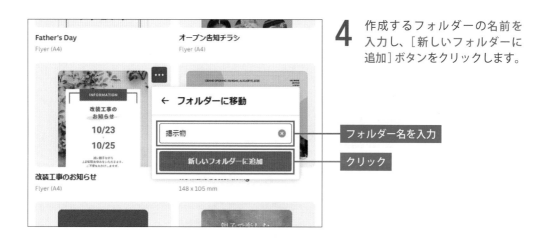

4 作成するフォルダーの名前を入力し、［新しいフォルダーに追加］ボタンをクリックします。

フォルダー名を入力

クリック

メッセージを確認

5 新しいフォルダーが作成され、そこにデザインが移動されます。

6 同様の手順で、他のデザインもフォルダーに分類していきます。すでに作成されているフォルダーに移動するときは、そのフォルダーを選択します。

7 続いて、このような確認画面が表示されるので、［フォルダーに移動］ボタンをクリックします。

すべてのプロジェクトの表示

　フォルダーに移動したデザインも「すべてのプロジェクト」にそのまま表示され続けます。どのフォルダーに移動されているかは、ファイル名の下を見ると確認できます。

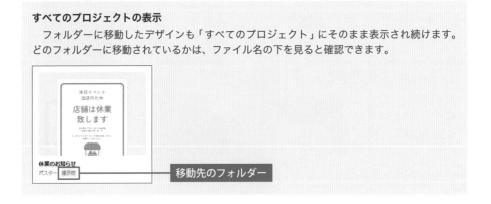

フォルダーに移動したデザイン

　フォルダーに移動したデザインだけを表示したいときは、「**プロジェクト**」のページへ移動したあと**フォルダーをクリック**します。すると、そのフォルダーが開き、フォルダー内に保管されているデザインが表示されます。

　このようにデザインをフォルダーに分類しておくと、目的のデザインを簡単に探し出せるようになります。作成したデザインの数が増えてきたときに試してみてください。

デザインをフォルダーから出す

　フォルダーに移動したデザインを
フォルダーから出して、「フォルダー
分類なし」に戻したい場合もあるで
しょう。この場合は ┈ をクリックし、
「フォルダーから削除」を選択します。

画像をフォルダーに分類

　プロジェクトのページには、Canvaに「アップロードした画像」やAIにより「自動生成
した画像」も管理されています。これらの画像もフォルダーに分類して管理することが
可能です。

　その操作手順はデザインをフォルダーに分類するときと同じです。フォルダーは「デザ
イン用」と「画像用」に区別されている訳ではないため、同じフォルダー内に「デザイン」
と「画像」を混在させて管理しても構いません。

複数のファイルをまとめて操作

複数のファイルをまとめてフォルダーに移動することも可能です。この場合は、以下のように操作してファイルをフォルダーに移動します。

1 各ファイルの左上に表示される▢をクリックして移動するファイルを選択し、⎘をクリックします。

2 移動先のフォルダーを選択して［フォルダーに移動］ボタンをクリックすると、選択していたファイルをまとめてフォルダーに移動できます。

30

★★★

アカウントの管理

続いては、自身のアカウント設定を変更するときの操作手順について解説しておきます。Canvaに登録したメールアドレスを変更したり、ログイン用のパスワードを変更したりするときの参考にしてください。

アカウントの管理画面

アカウントの設定を変更するときは、Canvaのホーム画面にある ⚙ をクリックします。

すると、以下のような画面が表示され、Canvaの**アカウント名**や**メールアドレス**を変更できるようになります。

アカウント名の公開について

　個人でデザインを作成しているだけなら、Canvaのアカウント名が一般に公開されることはありません。アカウント名は、作成したデザインやテンプレートを共有したときに「作成者」として公開されます。本名を知られたくない場合は、アカウント名をニックネームなどに変更しておくと安心です。

ログイン用の**パスワード**を変更したいときは、左側のメニューで「**ログイン＆セキュリ
ティ**」を選択します。

「**メッセージの環境設定**」を選択すると、Canvaから届く「お知らせメール」の受信設定
を変更できるようになります。Canvaからの「お知らせメール」が不要な場合は、ここで
設定を変更してください。

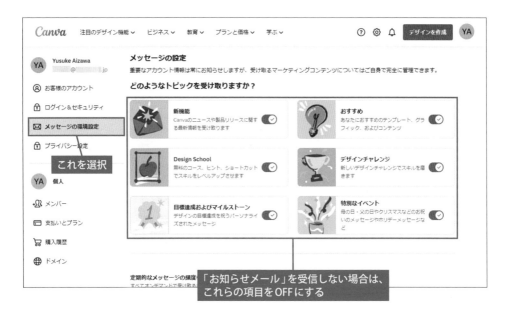

その他の設定項目について
「アカウントの管理画面」には、多要素認証（MFA）やテーマ、アクセシビリティ、プライバ
シーなどの設定を変更する項目も用意されています。これらの設定項目について内容がよくわ
からない方は、不用意に設定を変更しないように注意してください。

31

★ ★ ★

モバイルアプリの活用

スマートフォンなどでCanvaを利用できるモバイルアプリ（Andoroid版、iOS版）も用意されています。外出先でもデザインを修正したい場合などに活用できるので、気になる方は試してみてください。

モバイルアプリの入手と使い方

　Android端末やiOS端末で利用できるモバイルアプリも用意されています。指で操作するため細かな作業には向きませんが、外出先で簡単な修正を行いたい場合などには重宝すると思います。

　Andoroid版のアプリは「Google Play ストア」、iOS版のアプリは「App store」で「Canva」のキーワードで検索すると見つかります。

Canvaのインストール
（Google Play ストア）

　インストール後に「Canva」アプリを起動すると、ログイン方法を尋ねられます。メールアドレスでログインする場合は、「別の方法で続ける」→「メールアドレスで続行」を選択し、メールアドレスとパスワード（または6桁のコード）を入力します。すると、Canvaのホーム画面が表示されます。この画面の左上にある≡をタップするとメニューを表示できます。

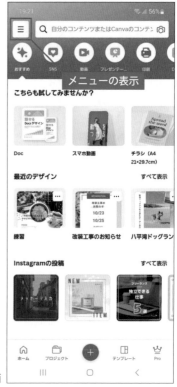

Canvaのホーム画面

これまでに作成したデザインを編集するときは、「プロジェクト」→「すべてのプロジェクト」を選択します。続いて、デザインをタップすると、そのデザインの編集画面が表示されます。

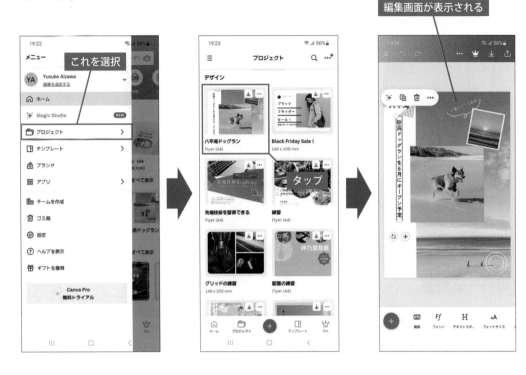

続いて、各素材をタップして選択し、編集作業を進めていきます。書式などは下部に並んでいるアイコンをタップして指定します。

フォントの指定

文字の入力・修正

文字色の指定

編集画面の左下にある■をクリックすると、新たに素材を追加したり、テンプレートを変更したりできるようになります。

素材の追加

写真素材の検索

テンプレートの検索

もちろん、新規にデザインを作成することも可能です。Canvaの操作に慣れていれば、さほど戸惑うことなく操作を進められるので、気になる方は試してみてください。

デザインの新規作成

テンプレートの選択

デザインの編集画面

32

★★★

プランのアップグレード

最後に、Pro版へのアップグレードについて簡単に補足しておきます。より充実した環境でCanvaを使用したい方は、Pro版へのアップグレードも検討してみてください。より本格的にデザイン作成を行えるようになります。

Pro版へのアップグレード手順と機能の比較

Canvaは無料のFree版でも十分な機能を備えていますが、Pro版にアップグレードすると、より多くのテンプレートを利用できる、プレミアム画像も使い放題になる、などの恩恵を受けられるようになります。30日間の無料トライアルも用意されているので、いちど試してみるとよいでしょう。

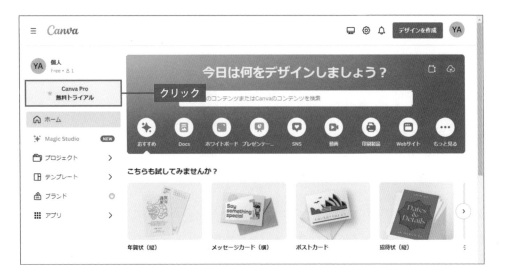

1 Canvaのホーム画面にある「Canva Pro 無料トライアル」をクリックします。

2 このような画面が表示されるので、[無料トライアルを開始]ボタンをクリックします。

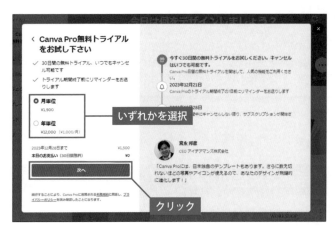

3 「月単位」または「年単位」を選択し、[次へ] ボタンをクリックします。

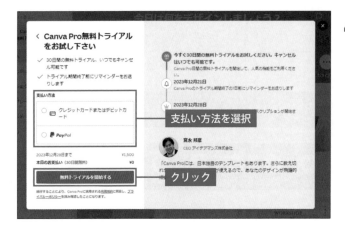

4 あとは支払い方法を指定するだけです。これで、すぐにPro版に切り替えることができます。

参考までに、Free版とPro版の主な違いを以下に掲載しておきます。

	Free版	Pro版
料金	¥0（無料）	¥1,500／月 または ¥12,000／年
無料で使える素材	100万点以上	400万点以上
テンプレートなど	8,000種類以上	60,000種類以上
Pro版用のフォント	×	○
CMYKのPDF作成	×	○
Magic Media	画像50回、動画5回	画像500回／月、動画50回／月
Magic Write	50回	500回／月
他のAIツール[※1]	×	○
ストレージ容量	5GB	1TB

（2023年11月時点）

※1 Magic Eraser、Magic Switch、Magic Morph、Magic Grab、Magic Expand、Magic AnimateなどのAIツール

索引　　　　　　　　　　　　　　Index

ご質問がある場合は・・・

本書の内容についてご質問がある場合は、本書の書名ならびに掲載箇所のページ番号を明記の上、FAX・郵送・Eメールなどの書面にてお送りください（宛先は下記を参照）。電話でのご質問はお断りいたします。また、本書の内容を超えるご質問に関しては、回答を控えさせていただく場合があります。

執筆陣が講師を務めるセミナー、新刊書籍をご案内します。

詳細はこちらから

https://www.cutt.co.jp/seminar/book/

名刺、チラシ、ポスター、POPなどを手軽に作成！
Canvaではじめてのデザイン作成 2024年版

2024年1月10日　初版第1刷発行

著　者	相澤 裕介
発行人	石塚 勝敏
発　行	株式会社 カットシステム

〒169-0073 東京都新宿区百人町4-9-7　新宿ユーエストビル8F
TEL　（03）5348-3850　　FAX　（03）5348-3851
URL　https://www.cutt.co.jp/
振替　00130-6-17174

印　刷　　シナノ書籍印刷 株式会社

Cover design *Y.Yamaguchi*　　　　　　Copyright©2023　相澤 裕介
Printed in Japan　ISBN 978-4-87783-546-0